影响中国人的十大汉字

国学金故事

冯梦月　丁卉◎主编

台海出版社

图书在版编目(CIP)数据

让·影响中国人的十大汉字 / 冯梦月,丁卉编著.
--北京:台海出版社,2012.9

(国学金故事)

ISBN 978-7-5168-0023-2

Ⅰ.①让… Ⅱ.①冯… ②丁… Ⅲ.①品德教育-中国
-通俗读物 Ⅳ.①D648-49

中国版本图书馆 CIP 数据核字(2012)第 211227 号

让·影响中国人的十大汉字

编 著:冯梦月 丁 卉

责任编辑:孙铁楠

装帧设计:天下书装 版式设计:方国荣

责任校对:董宁文 责任印制:蔡 旭

出版发行:台海出版社

地 址:北京市景山东街 20 号, 邮政编码: 100009

电 话:010-64041652(发行,邮购)

传 真:010-84045799(总编室)

网 址:www.taimeng.org.cn/thcbs/default.htm

E-mail:thcbs@126.com

经 销:全国各地新华书店

印 刷:北京一鑫印务有限责任公司

本书如有破损、缺页、装订错误,请与本社联系调换

开 本:710×1000 1/16

字 数:52 千字 印 张:7.75

版 次:2012 年 11 月第 1 版 印 次: 2021年 6 月第 3 次印刷

书 号:ISBN 978-7-5168-0023-2

定 价:28.00 元

题记

让

小篆

金文

6+1=？你是独生子女吗？爷爷奶奶、外公外婆、爸爸妈妈，加你，六个人把六分爱都加给你。6+1 等于多少？聪明的你知道这不是算术问题了吧。加给你太多太满，是不是要“减”去点儿？

在以“我”为中心的环境里，得到了过多的爱，最容易滋长“个人第一”、“唯我独尊”的自私毛病。在与同学伙伴玩玩具的过程中，你们有没有互相谦让？还是因为玩具争得不可开交，最后还找家长或者老师出来评理？在与家人、亲戚吃饭、吃水果的过程中，有没有把最好的菜、最鲜美的水果让给别人？还是往往别人都将最好的部分让给了你？

读过本书的这些故事以后，大家应该向故事中的主人公学习了。不管是在古代还是在当今，礼让都是人重要的品德。只有礼让了，世界才会和平，社会才会和谐，人与人之间才会有爱。

一旦人们没有礼让，那么会出现什么样的局面？缺少了礼让，人们就会不讲文明、不讲公德。譬如，在公共汽车上，“老弱病残专座”上坐着年轻人，尽管七八十岁的老人在一旁站着，年轻人仍然佯装不见地坐在那里，有的甚至假装睡觉。所以“让”对家庭来说很重要，对社会来说也很重要。

大家要慢慢培养“心有他人”的思想情怀。从小做起：爱父母、爱同学、爱老师、爱朋友。其实，礼让他人，互相尊重，就是爱自己。你让我，我让你，让爱流动起来。

让的现实意义

说到让，不管是儿童或者成人第一反应都基本上是“孔融让梨”。呵呵，没错，这是“让”中的经典。很多家长都喜欢拿这个例子来教育自己的孩子。但是什么是让，却又是一个不好解释的一项美德。

在大多数人的家庭里都会出现这样的场景：

节假日的时候，全家人坐在一起吃饭，在有几个小孩的情况下，就会显得格外的热闹。吃完饭，母亲或者祖母会拿出水果点心分给大家，首先给小孩子选。这个时候，孔融让梨的典故就又会被提出来一次。

一般说到这里，家长总会激发小孩子的模仿性，然后孩子把手中的水果让给表哥、表妹。表哥、表妹再把水果重新让给妈妈、爸爸、妈妈再次推脱一番，水果最后再次落到孩子的手里。其实看似没有必要的表现，却是充满了亲情味道。这可能就是大家对让最基本的理解。

后来，还是有很多小朋友们不以为然，认为做多了觉得矫情又虚伪。孔融让梨，他为什么要“让”？说不定他本来就不喜欢吃梨，不是吗？那么，让成为一项重要的传统美德又有什么作用呢？当然，除了孔融让梨的典故之外，还有其他很多的故事，我们之后可以在这本书中了解。现在“让”作为一种品质被讲起得越来越少了，但生活中我们却是经常能听到些关于“让”的字眼。

“你为什么就不能让让同学呢？不可以那么骄傲。”

“你得多让着她，她的职位级别比你高呢。”

“他什么都不如你，你能让就让着他。”

这些话题都围绕着“让”，意义却不同，但是不管是什么意义，我们听完大都是心怀委屈的，对劝我们让的人有成见，对我们需要让的人也有了成见，因为不是心甘情愿的让；而被让的人，也不一定领情啊，因为他们由此就有一种被看成弱小者的感觉，于是他们也有了意见，双方可能就失了和气。这还是发生在熟悉的人之间的可能性。熟人之间都是如此的不情愿，就更加不用说陌生人了，这因此也是导致了很多社会上的混乱的隐患：

比方说，排队买车票，人们总是争先恐后的，大声叫嚷，插队现象普遍，还理直气壮。

还有菜市集市上买东西，我到现在都没有学会如何和人讲价，看过无数次，觉得太有气势了！双方都在挑毛病，谁都不肯轻易让一让，轻则，买卖不成；重则，还有动手的不计其数。不仅浪费了时间，还影响了自己的心情，而你胜利了，为了那几块或者更少的利益又有什么意义呢？更不用说的在交通方面了，车不肯让人，人不肯让车，红绿灯什么的彻底成了摆设，秩序也成了空口白说，大家似乎都是用生命去不“让”。严重违反了我们中华民族的美德。现代人对“谦让”、“忍让”，可能多了些歧义，觉得这其实是一种怯懦的表现，让了不仅自己吃亏，还会被人嘲笑。

很久之前我看到的一篇关于讲述唐山大地震幸存者的真

实故事，使我非常感动。说出来跟大家简单的分享。地震来临时，人们被巨大的恐慌所笼罩，全然不知所措，冷静全无，只是一味地逃窜。而有一位老人，镇定的指挥大家，甚至不知从哪儿还找来了一个话筒，告诉大家应该尽量避免怎样的情况，把伤害减到最轻，哪些地方相对安全等等；还有一个幸存者正在排队从出口逃生，突然，排在他前面的那个人回过头，对着他微笑地比划了一个绅士的"请"的动作，让他走在前面。那个人得以幸存之后并没有打听到他的这个恩人的消息，但这种生死关头让他人先行的表现，他估计是一辈子都不会忘记的。

当然，并不是说，他们的行为很伟大，值得我们效仿，恰恰相反，人的生命还是非常宝贵的，每个人都需要好好珍惜。然而，让的本身代表了一种气度和胸襟，能够真正懂得让的人也知道什么时候该让，什么时候不该让。在小的事情上，让也代表了不拘小节，体现了一个人的教养，久而久之，就形成了一种气质。与人争执时，不说话，不去理睬，我会微笑的自我解嘲。不用说，旁人都能够看出，这是一种从心底所散发出的淡漠。

冯梦月

目　录

从文字出现的那天起，就注定了国学的出现是不可取代的。

——武汉大学 陈美兰教授

当外国人给你讲，在他们的世界，圣洁的人被称为天使时，你告诉他，《国学金故事》里，中国的人间就有很多比天使还圣洁的美德。

——曲阜师范大学 崔茂新教授

如果你看到这本书，却没有将它买下来，那么这将是你的损失。

——天涯网图书频道总监 张朴素

太伯三让

太伯，商朝岐山（今陕西省岐山县一带）人。

在一个伸手不见五指的 夜晚，有两个人在一片空旷的荒郊野岭上深一脚浅一脚地走着。不知道走了多少个白天黑夜，他们终于走到了一座小村庄，然后便在那里安家落户了。这两个人是谁呢？原来是太伯和他的二弟。

太伯兄弟共三人，他们的父亲是商朝的王。父亲非常看重三弟的儿子，认为他不但品德高尚，而且很有才干。他逢人便夸这个孙子如何德才兼备，并说："我的这个孙子，如果将来能继承我的王位，他肯定能使老百姓安居乐业、国家兴旺发达！"

太伯得知这一情况后，私下对二弟说："父王很赞赏侄儿的品行才干，并很想把王位传给他。如果侄儿将来要继承王位，那么三弟就必须先继承父王的王位。二弟，你说咋办呢？"二弟听了太伯的话说："咱俩现在就向父王推荐他不就行了吗？"

太伯皱了皱眉，说："事情恐怕没有这么简单吧。这么多年来，难道你对三弟的品行还不了解吗？他为人谦让，肯定不愿继位。"二弟忙问："照你这么说，那该咋办咧？"泰伯说："我看，我们俩最好逃走，走得远远的。到时候，三弟不继承王位也没有办法。二弟，你觉得我的主意怎么样？”二弟说：“行！行！我一百个赞成。”于是，在一个漆黑的夜晚，他们俩打点好行装，悄悄地离开了京城。太伯和二弟在这个远离京城的地方住下后，都改了名换了姓。太伯在当地积极参加农业生产劳动，热心为百姓排难解纷，做了不少好事。因此，当地的百姓一致推选他做地方的长官。

太伯听说此事，顿时慌了，忙找二弟说：“我可做不得长官呀！侄儿继承王位后，还要扩张领土、令四周的少数民族臣服于他呢。在这个地方当官为王，不是有意与侄儿作对吗？看来得想个法子推辞才行。”二弟说：“哥哥说得对，我支持你。”

后来，太伯把头发剃光了，又叫人把他身上涂画得乱七八糟的。当地的百姓见他这样，也就不推选他当长官了。转眼间，十几年过去了。

一天，他们俩得知父亲去世的消息，痛哭流涕。二弟对太伯说：“我们俩在外漂泊了这么多年，从来没有对父王尽过孝。在他老人家安葬前，我们俩回去看一看他吧？”

太伯沉思了很久，说：“我也很想回去看一看啊！可是二弟，你想过没有，我们俩在外躲了这十几年到底是为了什么呀？现在正是最要紧的时候。如果我们俩这时回去，三弟肯定不愿意继承王位，那我们俩的苦不就白吃了吗？”二弟听了，忙说：“哥哥说得也是，真是不好办啊！”

父亲去世后，三弟继承了王位。三弟去世后，王位又传给了儿子，后人尊他为周文王。孔子对太伯三让王位的评价很

高，他是这样说的：“太伯的品行，已达到了最高境界，简直无法用语言来称颂！”

《史记·吴太伯世家》

本篇成语解释：

1.【安居乐业】安：安心；居：住、生活；乐：喜欢；业：劳动。安定地生活,愉快地劳动。

2.【排难解纷】给别人排除危难,调解纠纷。现多指调停双方间的争执。

让不但只是遗传所得,后天的修养也是至关重要的。读万卷书,方晓人间至理无穷；行万里路,才知世上气象万千。海纳百川,有容乃大；山集土壤,才成泰岳。虔诚膜拜才能赢得地之钟灵毓秀之德；终生修练方得到天之洗然正气。肚大能容天下难容之事；胸宽能纳世人难纳之上。这种谦让的品德如果没有后天的培养、磨砺和积累是不可能得到的。

让与不让

目夷，字子鱼，周朝时期宋国人，商汤的后代，宋桓公的儿子。

两个具有谦让美德的兄弟，在一件事上，相互谦让；但在另一件事上，一个主张谦让，另一个却主张坚决不让。这是怎么回事呢？看了下面的故事，你便会明白其中的道理了。

宋国当时的国王是桓公，他有两个儿子，大儿子叫目夷，小儿子就是后来的宋襄公。目夷自幼就养成了谦让的美德，而且又很有才干。他的弟弟做太子时，常常觉得惭愧，心想：哥哥有德又有才，而我与哥哥相比，真是一个天上，一个地下，我怎么配得上做太子呢？

桓公长年卧病在床。一天，他把小儿子叫到床边，说："我的身体恐怕坚持不了多久了，在临死前，我想把后事交待好。你是太子，我死后当然由你继承王位。你一定要使我们的国家兴旺起来。"小儿子说："孩儿虽是太子，但既不能文，又不能武，恐怕难以担当这个重任呀！"桓公听后，沉默了很久，问道："你不想继承王位？那么谁来接替我的王位呢？"小儿子说道："哥哥目夷是再合适不过的人选了。论年龄，他比我大；论才能，我也不如他！请父王另立哥哥为太子吧！"桓公觉得小儿子的话非常有理，于是就同意了。

目夷后来听说了这件事，忙对父亲说：“父王千万不要答应弟弟的要求啊。您想一想，弟弟都能把王位让给我，可见他的品德是多么高尚啊！我又怎么能与他相比呢？”这之后，目夷就逃走了。

桓公死后，小儿子不得不继承了王位，称宋襄公。他非常佩服哥哥目夷的德才，于是把他找了回来，叫他掌管国家的军事。后来，南方的楚国为了扩张领土，与宋国发生了战争。双方在一条大河的两岸拉开了战幕。

一天，楚兵开始渡河向北进攻，霎时间，一条长河上黑压压的全是人头，眼看楚兵就要上岸了。目夷率领大军在河的北岸严阵以待，他见还击的时机到了，忙对襄公说：“您看，楚兵已过河心。如果我们现在立即给他们来个迎头痛击，他们肯定连还手的机会都没有，必败无疑啊！请您下命令吧！”

襄公不以为然地说：“我们不能做那种不仁不义的事情。楚兵正在渡河，连还手的机会都没有，我们如果这时打他们，岂不是让天下人耻笑吗？”于是他命令宋兵道：“快往后退，快往后退，给楚兵留个作战的场地！”宋兵一下子往后退了两里路。

不一会儿，楚兵全部上了岸。目夷见楚兵虽然都上了岸，但是一片混乱，没有摆成阵势，于是又对襄公说：“您看，楚兵现在正处于混乱的状态，而且他们刚渡过河，体力也消耗不少。如果我们趁机打他们一个措手不及，一定会取胜的。”襄公又摇了摇头，说：“不可，不可。趁混乱时打他们，同趁过河时打他们有什么不一样呢？还是等他们布好阵再打吧。”

楚兵布好阵后，顿时发起了猛烈的进攻。楚兵人多力量大，宋兵以少对多，以弱对强，最终大败。襄公见宋兵大势已去，赶忙逃走，在混乱中被楚兵击伤了大腿，他哎哟叫了声，两

有谦和、愉快、诚恳的态度，而同时又加上忍耐精神的人，是非常幸运的。

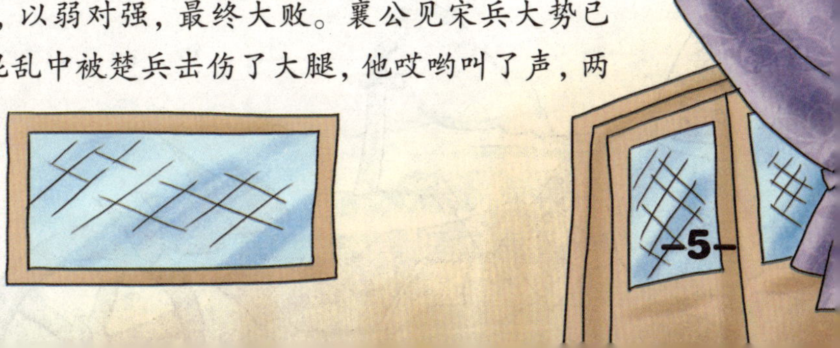

腿顿时血流如注，可他也管不了那么多了，只是拼命地往回逃。

后来目夷对襄公说：“敌我双方交战，我方的目的就是要杀死敌兵。其他的事情可以谦让，怎么连打仗也要谦让呢？”目夷在王位问题上主张谦让；对敌时则主张抓住时机，狠狠打击。这正说明谦让是有原则性的。

《史记·宋微子世家》

本篇成语解释：

1.【严阵以待】严：严整。指以充分准备好的、整齐严正的阵势等待敌人。

讲究礼让，凡社会的文明发展到了一定的程度，它就必然会出现。从某种意义上说，礼让是一个国家（或社会）文明程度的标志。

然而，在现实生活中，礼让却成了一个不大不小的问题，有许多人都不懂礼让，不会礼让。

左羊之情

左伯桃和羊角哀，是战国时期燕国（今河北北部和辽宁西端）人。

“这些诸侯简直坏透了，只知道打仗，今天我打你，明天你打我。”

“唉！还不都是为了吃掉对方，争做霸主。”

“他们打就打吧，可我们老百姓就受苦喽！房子被烧毁了，庄稼被踩坏了，妻儿也不知哪儿去了……”

说话的是春秋时期的三个平民百姓，对各诸侯国之间的熊熊战火，他们只能发发牢骚、叹叹气、掉掉眼泪。

当时北方的燕国有两个年轻人，一个叫左伯桃，另一个叫羊角哀。看到战火连绵，百姓处在水深火热之中，他们心里非常难过。他们很想干一番事业，为老百姓排忧解难。共同的理想和追求，使得这两位年轻人很快便走到了一块儿，成了生死之交。

一天，左伯桃对羊角哀说：“看来在北方这动荡的地方，我们难以施展才能，实现我们的理想。听说南方的楚国有位很贤明的君主，我们何不去投奔他呢？”羊角哀同意了。

于是，第二天一早，他们俩就冒着刺骨的严寒上路了。一路上，他们俩相互关心、相互照顾，翻过了无数座大山，过了无数条河流。这一天，他们俩终于走到了楚国的边境。这里是一片大得看不到边的荒原，不见鸟兽，不见人烟。更糟的是，这时天气突然变了，北风呼啸着，乌云也像黑幕一样遮住了天空，不一会儿，狂风便卷着鹅毛般的大雪向他俩袭来。

左伯桃因饥饿、寒冷和劳累，实在支持不了而倒在了地上，他劝羊角哀说："我恐怕永远到不了楚国了，你不要管我，一个人去吧！"

羊角哀伤心地说："你不用担心，我就是背也要把你背到楚国去。"说着，他蹲下身来，背起左伯桃一步一晃地往前走。没多久，羊角哀也感觉到自己体力不支了，但他咬紧牙关，使尽了浑身的力气，终于把左伯桃背到了一棵大柳树旁。他见树身上有个很大的洞，里面刚好可供一个人存身，心里顿时一阵激动：这下可好了，可以让左伯桃先避一避风雪，休息一会儿。于是他把左伯桃放了下来，扶进洞里。

左伯桃有气无力地说："我真的走不了了，你赶紧走吧。在这个风雪逼人的地方，多待一会儿就多一分危险。与其两个人都受冻挨饿而死，不如救活一人。"羊角哀听后，一个劲儿地摇头说："我还有力气，我能把你背到楚国。"

左伯桃动情地说："有你这样一位好朋友，我真是三生有幸。你的心意我领了。想当初我们俩是因为什么而成为朋友的？还不是为了实现我们的理想，救天下的百姓于水火之中？这个理想，不论是我们俩共同去实现，还是由一个人去实现，都算是达到我们的目的了。你说是不是这样的呢？"

羊角哀点点头说："是这样的。等一会儿，你恢复了体力，带上这点剩下的干粮，去楚国吧！"左伯桃连忙说："不，不，还是你去。一方面，你的才能比我强，另一方面，我的身体的确不行了。"

两人相互劝说，可是谁也说服不了谁。最后，左伯桃说什么也不肯走了，羊角哀只得挥泪与他告别，临走时还对他说："你等着，我一到楚国，就叫楚庄王给我配备人马来接你。"辞别左伯桃后，羊角哀日夜赶路，终于到了楚国的都城。楚庄王得知左伯桃被困的消息后，立即派人马和羊角哀一起去营救。

羊角哀赶到时，左伯桃已因寒冷、饥饿而死，他顿时痛哭起来。随后，他亲自掩埋了好友的遗体，依依而别。

后来，羊角哀果真干出了一番事业，实现了他和左伯桃共同的理想。

《列子·汤问》

本篇成语解释：

1.【水深火热】比喻人民的生活极端痛苦。

2.【有气无力】有声音而没劲头。形容无精打采的样子或做事懒散，没有劲头。

生命的价值不在于长短，而在于奉献，请用谦让为生命镀上一层金边。

五让王位

季札（公元前576年——公元前484年），又称公子札，春秋时期吴国（今淮河以南至钱塘江以北一带）人。

季札的父亲是吴国的国王，他有四个儿子，季札是最小的。季札小的时候，就十分懂事，并不因为自己年纪最小，就在父亲和哥哥们面前撒娇。恰恰相反，凡是遇到什么好事儿，他总是谦让。季札不但有贤德，而且很有才干。

一天，父亲把季札的三个哥哥叫到一旁，说："季札在你们兄弟四个中虽然最小，但他要人品有人品，要才能有才能，我很想以后立他为王，不知你们兄弟三个有没有什么意见？"三个哥哥不假思索，异口同声地说："将来能够继承您的王位的只有四弟。我们三个没有一点儿意见。"

十多年后，父亲去世了，留下遗嘱让季札继位。听说这件事后，季札感到十分意外，坚决不同意，并对大哥说："你是兄长，而且又有治理国家的才能，王位应当由你继承才是。"大哥忙说："四弟德才兼备，而且父王又留下遗嘱，指名叫你继位。"季札说："不管你怎么推辞，反正我是坚决不做国王的。"大哥见实在说服不了弟弟，迫不得已想出了一个办法。

他对季札说："国家没有君主，那成什么样子呢？我看这样吧，我们兄弟要为父王守孝三年，在这三年内，我就暂时代掌国王的权力，处理国家大事。等三年守孝期满，再由你正式继位。你看怎么样？"季札心想：这样也好，免得哥哥总是推让。三年以后，哥哥治理国家肯定很有成绩，到那时他还不肯当国王的话，恐怕连老百姓都不同意。于是他很爽快地说："行！行！一言为定。"

三年很快就过去了。一天，大哥对季札说："你还记得三年前，父王去世后，你答应了我什么吗？"季札立即明白了大哥的意思，但还是假装糊涂地说："我答应你什么了啊？我一点儿都不知道啊。"大哥见季札在装糊涂，不愿继承王位，于是板起脸说："你不要在我面前装糊涂了，如今我们兄弟为父王守孝三年已满，按照我们俩原来达成的协议，现在应该由你正式继承王位。"季札见大哥很认真的样子，说："不行，我一点儿治国的经验都没有。你执政三年，民富国强，还是由你继续执政，由你当国王吧！"大哥真生气了，说道："你再不继承王位，爹的在天之灵也不得安息啊！"季札见劝说不了大哥，于是谎称道："哥哥，你不要急嘛，让我今晚好好想一想，明天再给你答复吧。"大哥见季札的态度有些改变，便同意了。

季札哪是去想什么继承王位的问题啊，他趁着夜色逃走了。大哥见季札已逃，加上老百姓又接连不断地上书，叫他继承王位，无奈之下，只得做了国王。他对老二、老三说："以后王位继承就按兄弟相继的办法进行，也好让王位将来能传给四弟。"

学会谦让，尝试谦让，在谦让中学会生活，学会生存，那么，你会慢慢领略到：其实，谦让也是福。

于是，大哥做了十三年国王后，把王位传给了二弟；二弟在位十七年，传给了三弟；三弟执政四年便去世了，王位该由季札继承了。可是季札心里十分清楚，三弟的儿子想继承他父亲的王位，于是他又一次逃走了。

《史记·吴太伯世家》

本篇成语解释：

1.【不假思索】假：假借，依靠。不经过思考而做出反应。形容做事、应答迅速。

2.【异口同声】不同的人说出同样的话。形容所有人的说法或意见完全一致。

因为不会礼让，人们也就不会讲文明、讲公德。譬如，在公共汽车上，“老弱病残专座”这几个大字写得又大又黑，然而现实是：尽管七八十岁的老人在一旁站着，一些年轻人仍然佯装不见地坐在那里，有的假装睡觉，一副爱莫能助的样子。

兄弟争死

伋、寿，春秋时期卫国（大约在今河南省境内）的兄弟俩。一对同父异母的兄弟，一个催人泪下的故事。

这里所说的兄弟二人，老大叫伋，老二叫寿，他们俩是卫国国王卫宣公的儿子。虽然不是一母亲所生，但他们俩非常要好，常常一块儿玩乐，一块儿看书，就连睡觉也要同睡一张床。伋没了亲娘，但他对继母就像以往对亲娘一样，很孝顺。继母对他可就不同了，看他哪儿都不顺眼，老是想着要害死他。

眼看着卫宣公逐渐老了，伋和寿也逐渐长大成人，继母又多了个心病，那就是卫宣公的王位该由谁来继承。她当然想让寿继位，可是要怎样才能办到呢？于是她绞尽脑汁，使出了全身的本领，终于使卫宣公听从了她的意见，同意立寿为太子。但她还担心将来伋可能与寿争夺王位，便又想出一条毒计：她叫卫宣公下旨，派伋出使齐国，自己又暗地里指派了一批亲信假扮成盗贼，埋伏在伋去齐国的必经之地，等伋经过时就把他杀掉。

后来，这个阴谋不知道怎么被寿知道了，他担心哥哥被害，于是私下里悄悄地对伋说："父王叫你出使齐国，你千万别去啊！那是娘布下的一个陷阱，她想杀了你！"伋也察觉到了一点风声，但他还是谢绝了寿的劝告，说："父王叫我出使齐国，这是件大事，

我怎能违令不遵呢？”寿见伋不听自己的劝告，便决定和他同去。

这天清晨，伋避开寿，悄悄地走了。不料，他后脚刚离岸上船，尾随而来的寿前脚也踏上了船头。伋发现寿赶来了，急忙把他往下推，可已经来不及了，船已经离岸启航了。伋一个劲地责备寿，说：“谁让你来的？如果父王和母亲找不着你，该多着急啊！”寿说：“哥哥明知山有虎，却偏向虎山行，弟弟我十分敬佩。路上有什么危险，我也好给你做个帮手。咱兄弟俩，生要生在一起，死也要死在一起！”伋听了寿的话，很感动，忙说：“哥哥明白你的心意，只是你不该这么鲁莽。我一个人去齐国，万一路上遇到什么危险，受害的只有我，那也没有什么大不了的。可是你的情况就不一样啦，你是太子，将来还要做国君，治理国家呢。”

谦让是一种美德同时也是一种个性，她也需要一种遗传，需要一种禀赋。

兄弟俩一路说着话。途中，寿突然提出要同伋喝酒，伋说：“出使齐国，喝醉了酒，会损害卫国形象的，还是不喝为好。”寿说：“现在离齐国还远着呢，再说喝点酒也能壮壮胆呀。”伋觉得寿的话有理，便同意了，于是兄弟二人喝起酒来。寿不停地向伋劝酒，不一会儿，伋便醉了。寿见河岸边有条渔船停在那里，忙把喝醉酒的伋移到渔船上，自己则独自一人驾着出使的船，向齐国的方向快速驶去。快到齐国边境时，埋伏在那里的一批假盗贼见出使齐国的船驶近了，便一拥而上，把寿给杀了。

伋酒醒后，见自己躺在一条渔船上，大叫一声：“不好！弟弟可能出事了！”说罢，便拼命地划起双桨追赶寿，但太晚了。当伋看到被杀的寿时，心如刀割，痛哭不止，他心想：弟弟是为我而死的，我也只有一死才能报答他啊！于是便自杀了。兄弟俩惨死的消息很快就传开了，卫国的百姓们一个个都掉下了同情的泪水。

《诗经·邶风》

本篇成语解释：

1.【形影不离】像物体同它的影子那样分不开。形容彼此关系极好，经常互相伴随。

2.【心如刀割】心里痛苦得像被刀割一样。

在让之中，人们读懂了人心的温暖，人世间的美好。“让”是海阔天空的胸襟，情感扎实的基础，天长地久的坚固。

秋毫无犯

齐桓公（？——公元前643年），本姓姜，名小白，春秋时期齐国国君。

森林里面有一个小小的湖泊，湖面上波光粼粼，湖边是郁郁葱葱的嫩草，真是湖光山色，景色迷人啊！

这一天，太阳已经从湖的那头跳了出来，湖水一片鲜红。湖这头有一位老人早早地到了湖边，他架起了一根长长的钓竿，身旁放着一只鱼篓，还有一壶美酒，一只小狗。老人眯着眼，用余光盯着浮标，像座雕塑似的一动不动……

突然，树林里传来了嗒嗒的马蹄声，似乎有一大群人在追赶着什么，还有个人大声喊着："哦——哦——追呀，就在前面——！"已经可以看见马蹄扬起的尘烟了。哦！原来是一群打猎的人。他们个个都穿得华丽耀眼，一副得意洋洋的样子。老人把头扭了扭，微微睁开双眼，说了句："又来了一群花花公

子，无所事事啊！但愿不要影响我钓鱼。”

这群打猎的不是别人，正是春秋时第一个霸主齐桓公和他手下的人。马群经过老人身边时，齐桓公不经意间发现这片人烟稀少的地方竟然有人垂钓，心想肯定不是一般人。于是他下令众人勒住马头，想去问个明白。只见齐桓公牵着马匹来到老人身边，先鞠了一躬，然后轻轻地说：“这位老先生，在下有一事相求，特来打扰！”老人头都没抬一下，若无其事地说：“你是谁呀？”齐桓公又走近了一点，耐心地说：“在下是齐国国君，今天到这里打猎，不料惊扰了您钓鱼，如有得罪，请原谅！请问先生尊姓大名，今年高寿？”

老人早就听说了齐桓公的大名，一直想见一见，没想到今天竟能亲自与之交谈，心里一阵高兴。但他不露声色，只是微微一笑，扭过身子说：“我一个乡村老夫，贱名不值得一提，年龄嘛，今年八十三岁了。”齐桓公说：“这么高寿，您好福气呀，希望您给我些建议！”

老人捋了捋胡子，微微点了点头，然后说：“希望我们的君主年寿更高，并愿君主轻视金钱而看重百姓。”齐桓公说：“很好。”老人又说：“愿我们的君主不要以多学为羞辱、以下问为可耻，这样，贤德的人会投奔您，您就能获得规劝进谏的恰当人选了！”齐桓公十分高兴，又说：“很好，很好。希望您再告诫我第三句。”老人说：“愿我们的君主不要得罪百姓，要秋毫无犯啊！”齐桓公不高兴了，他说：“这句话与前两句不太相配，能不能更改一下？”老人却神情严肃地说：“这句

人与人之间的和谐共处，贵在谦让。谦让是一种深厚的涵养，它不但可以改善自己与社会的关系，还可以使自己的心灵得到慰藉与升华。

话比前两句更好。要知道，儿子得罪了父亲，其姑姊叔伯可代为说情，父亲可以给予原谅；臣子得罪了君主，左右亲近的人会替他说情，君主可以免去他的罪过；但是君主得罪臣子和老百姓以后，谁能帮他纠正错误呢？”

齐桓公听后大受感动，说：“今天能遇到先生，真是我的福气啊！让我学到了不少东西！”于是，他磕首而去，从此以后对百姓们十分关心爱护，同时宽容别人的过错。

《新序·杂事》

本篇成语解释：

1.【不露声色】声色：说话的声音和脸上的表情。不让心里的想法从话音和脸上流露出来。

2.【若无其事】像没有那回事儿一样。形容态度镇静，或不把事情放在心上。

3.【秋毫无犯】秋毫：动物秋后新换的绒毛，比喻十分纤细的东西。形容军队纪律严明，不拿人们一针一线。

谦让作为品德传送到今天，除了历史那些千年不变的人物与故事，就是各个时代基于实用主义树立的榜样。当然，我们一直在提倡谦让，在我们的教育思想中，谦让是可以提高到道德的高度来推广的，问题的本质恐怕还在于，讲谦让的人并不见的会谦让，于是，谦让成了理想。

宽容待人

楚庄王（？——公元前591年），本姓芈（mǐ），名旅，春秋时楚国国君。

如果有人想夺去你心爱的东西，你肯定会非常气愤，甚至会找机会报复他，是不是？但是，在春秋时期，却有一位国君在别人企图调戏他最宠爱的妃子时，不但没有严惩那个人，还宽容了他，而且帮助那个人渡过了当时的困境。这个国君就是楚国的楚庄王。

有一天晚上，楚庄王在宫中举行宴会，招待文武官员。各位文武官员都穿着华美的衣服，个个精神抖擞。楚楚动人的舞女们翩翩起舞，更增添了宴会的迷人情调。烛光通过酒杯的反射，四处散射，整个大厅显得十分漂亮、温馨。楚庄王还特地叫出他心爱的妃子给官员们倒酒。官员们都非常兴奋，喝得十分开心，吃得十分满意，宴会也慢慢地达到了高潮……

突然，一阵狂风吹灭了全部蜡烛，大厅里顿时漆黑一片，官员们有些慌乱，有人甚至惊叫起来。这时，有人乘机调戏楚庄王最宠爱的妃子，这个妃子很气愤：竟然有人敢调戏我，真是色胆包天！她想大声叫喊，但又怕因此败坏自己的名声，于是情

急之下，她扯下了那个调戏者的帽缨，并藏在衣袖里面。

她马上把这件事低声告诉了楚庄王：“刚才有人调戏我，我怕影响您的声誉，所以没有叫喊，但我扯下了那个人的帽缨，等会儿您一定要查出那个人，重重地惩罚他！”楚庄王想了想，觉得不应扫大家的兴，而且他也不想失去官员的拥护，所以想宽容那个人。他认为可能是因为酒喝多了，那个官员才做出这样出格的事，于是对妃子说：“我请大家来喝酒，有人醉后失礼，责任并不全在他一人，就给他一个改过自新的机会吧！”说完，他向大家宣布，“请大家都把帽缨摘掉，尽情地喝酒吧，一定要喝个痛快，一醉方休啊！”

骄横能致四面皆是楚歌；谦让却能化干戈为玉帛。

于是，参加宴会的大臣都摘掉了自己的帽缨。等到点亮蜡烛时，由于各位官员都摘掉了帽缨，因此根本查不出是谁调戏了妃子。就这样，宴会办得很成功，各位大臣最后都满意而去。

三年之后，有一个国家兴兵攻打楚国，楚庄王亲自率军迎击。作战过程中，楚庄王发现有一位将军非常勇敢，每次作战，总是奋不顾身地冲在最前面。在他的带动下，士兵们个个英勇无比。最后，他们终于打败了敌人。

“这个人为什么表现得如此英勇、突出？”楚庄王把他叫到面前，问道：“我平时待你只是一般，可为什么你在战争中那样舍生忘死呢？”那位将军马上跪倒在地，声泪俱下地说：“臣该死！三年前的那次宴会上，趁黑调戏妃子的人就是我。当时我就想，得罪了您，肯定会没命，但是没想到您不但宽容了我，还使计帮我摆脱了尴尬的境况，所以我立志要用自己的生命来报答大王的恩情！”

楚庄王恍然大悟，虽然宽

容一个人是非常难的一件事，但最终是会得到回报的。于是，他捋着胡子，高兴地笑了。

《说苑·复恩》

本篇成语解释：

1.【得意洋洋】十分得意的样子。
2.【奋不顾身】奋勇直前，不顾个人安危。
3.【声泪俱下】边诉说，边哭泣。形容极其悲痛。
4.【舍生忘死】不把个人的生死放在心上。

谦和礼让，是城市生生不息、祥和繁荣的内在要求，也是城市精神的具体体现。海纳百川，需要用礼让来体现开放姿态；大气谦和，需要用礼让来体现兼容并蓄。斤斤计较、不肯吃亏，贪小势利、排斥外人，都不是人应有的气度和胸怀。

祁公举贤

祁黄羊，名祁奚，字黄羊，春秋时晋国大夫。

春秋时期，在晋国的乡间经常会出现一位骑毛驴的老人，他就是晋国大夫祁黄羊。他中等身材，精神矍烁，笑容可掬，和蔼可亲。祁黄羊平时总是穿着朴素的衣服，骑着毛驴，身边带着用来记事的东西。他经常出现在乡间，只要碰到有才能的人，就记下他们的名字，以便日后推荐给国君。

一天，人们议论纷纷："听说祁公要退休了，他可是个有才能的人啊！把国家治理得井井有条。现在他一走，不知会是谁接替他。但愿也是一个像祁公这样既有德行，又有才能的人！"

这一年，祁黄羊已经60岁了，他觉得自己年纪大了，再日夜奔波会拖垮身体的，另外，他也认为应该让有作为的年轻人来接替他的位子。于是，有一天上朝时，他对晋悼公说："国君，您看我胡子都一大把了，身体也大不如前了，年轻人中有不少人很有才能，应该让他们来接替我啊。我再待在这个位置上，只会对国家造成损失，所以我请求您批准我离职，让我告老还乡吧！"

晋悼公走到祁黄羊身边，扶起跪在上的他。晋悼公仔细地看着祁黄羊，然后又摸了摸祁黄羊那有些枯黄的手掌，略带伤感地说："爱卿，这么多年来，如果不是你辅佐我，我怎么可能会有今天！你今天这副样子，全都是累的啊！我真对不起你啊，我早就该让你休息了！"晋悼公同意了祁黄羊的请求，接着又问他："你走后，谁来接替你呢？你给我推荐个人吧。"祁黄羊毫不迟疑地说："我看解狐最合适。"

晋悼公一听，感到非常吃惊，因为他知道，解狐以前害过祁黄羊，而且把他害得很惨，可以说两人之间有深仇大恨呀！祁黄羊竟然推荐解狐！晋悼公有点想不明白，便提醒祁黄羊说："爱卿，解狐可是你的仇人啊！你是不是忘记了？为什么还要推荐他？"祁黄羊说："解狐是我的仇人，我肯定忘不了。但是现在您是问我什么人能接替我，而不是问我谁是我的仇人！我不能答非所问呀！"

晋悼公暗暗佩服祁黄羊举贤不避仇、与人宽容、一心为公的品德，便接受了他的推荐，决定让解狐来接任他。可是不幸的是，委任书还没有下发，解狐就突然得急病去世了。晋悼公只好又问祁黄羊："解狐不幸死去，你看再任命谁呢？"祁黄羊想了想，回答说："祁午能担任这个职务。"祁午是祁黄羊的儿子，悼公心里又觉得奇怪，问道："祁午不是你的儿子吗？你怎

么推荐起自己的儿子来了？”祁黄羊回答说：“您是问我谁能担当这个职务，而没有问祁午是不是我的儿子！只要谁有才能，我就推荐谁，现在解狐死了，只有祁午算得上是个杰出的人才，所以我推荐他！”

祁午上任以后，耿直清廉，赏罚分明，得到了人们的赞扬。祁黄羊推荐人才，不管是仇人还是至亲，完全以德才做标准，这种一心为公的品德以及宽容对待仇人的精神，在后世一直被传为美谈。

《左传·襄公三年》

本篇成语解释：

1.【笑容可掬】掬：两手捧起来。形容满脸堆笑的样子。

2.【井井有条】井井：做事有法，符合规定。形容有条有理，丝毫不乱。

3.【赏罚分明】该赏的赏，该罚的罚，绝不马虎。

为何现在有些服务行业的名声不佳？为何一些政府机关“门难进”、其工作人员“脸难看”？一个重要的原因就是：有不少工作人员不仅不懂礼让、不讲礼节、没有礼貌，而且将自己的工作岗位作为宣泄自己心中不平的地方。

急流勇退

张孟谈，春秋末年晋国著名的谋臣，足智多谋，深受重用。

张孟谈要辞官还乡了！这个消息一下子在晋国里传开了。人们议论纷纷：“这次打败智伯，张孟谈可是立了大功呀！他为什么反而要辞官呢？”“是不是赵襄子忌妒，陷害了他啊？”

这天早上，张孟谈收拾好行李，正要和家人一起离开都城，却忽然有人报告说：“张大人，赵大夫赵襄子先生带着一群人给您饯行来了！”

张孟谈慌忙从马车上下来，迎接赵襄子。他拱手作揖，对赵襄子说：“您工作很忙，还有很多事情等着您去处理，我都跟您说过不要送了，我自己走就行，真是不好意思啊！”赵襄子一把抓住他的手说：“张先生您是我们的大功臣啊！我最后一次请求您，留下吧！我一定让您做大官，享受荣华富贵，作为对您的报答，只要您现在肯点点头！”说完，他的眼角渗出了泪花。他们这是怎么啦？事情原来是这样的……

春秋末期，晋国王室衰微，国君的权力被手下的六个大夫分割了。赵襄子就是这六个大夫中的一个。他们都

谦让就像春天，能给人们的生活重新带来一缕缕的春风和一束束的阳光。

想夺取晋国的中央大权，成为国君，于是相互之间攻击不止，战争连年不休。

智伯仗着自己实力强大，就威胁并命令另外两位大夫与他一起出兵攻打赵襄子。赵襄子一下子变得势单力薄，只得孤军奋战。幸亏有一个足智多谋的谋臣张孟谈为他出谋划策，所以尽管通过艰苦的战争，智伯也奈何不了他们。三年过去了，赵襄子的地盘一点都没有失去。但是智伯非常残忍凶暴，他见硬打攻不下，就想出了一个坏主意：他想用河水把赵襄子据守的城池全部淹没。

雨季来了，智伯果真拦截河水，冲淹赵军据守的城市。水越涨越高，一尺、两尺……城中士兵和老百姓的生命危在旦夕。

这时，又是张孟谈救了赵襄子。他知道另外两位大夫是出于无奈才跟随智伯出兵的，于是亲自前往游说。他指出智伯的贪婪骄横，并告诉两位大夫，智伯灭赵以后，肯定会把矛头对准他们，并劝他们联赵反智，共同消灭智伯。这两位大夫觉得很有道理，便同意了与赵襄子联合消灭智伯。

一天夜里，他们共同起兵擒获了智伯，并把河水引往其他地方。赵军和全城百姓终于得救了。后来智伯的土地被赵襄子和另外两位大夫分割，从此在晋国形成了三家分晋的局面。

张孟谈见赵襄子已脱离了危险，便去向赵襄子辞行。赵襄子十分惊异，说：“我之所以能有今天，全是先生的功劳。我现在正要重赏先生，与先生一起共享荣华富贵，可先生为什么要离开呢？”张孟谈冷静地说：“您重用我，我非常感激。再说，正

因为我的功劳、名声也许会超过您，对您很不好，所以我才下决心要离开。请您理解我的用心，允许我走吧！”赵襄子又多次挽留，但张孟谈态度很坚决，一定要辞官还乡。于是便出现了本文开头的那一幕……

张孟谈最终还是没有留下。他急流勇退，淡泊功名，非但不邀功请赏，反而辞官回乡，在乡下平安地渡过了后半生。

《战国策·赵策》

本篇成语解释：

1.【孤军奋战】孤立无援的军队单独奋战。

2.【危在旦夕】旦：早晨；夕：晚上；旦夕：早晚之间，形容极短的时间。危险就在眼前。

3.【急流勇退】在急流中果断地退却。比喻做官的人在顺利或得意时及早引退，明哲保身。

当大家都是匆匆过客，彼此陌路际会，能否以谦和之态、礼让之行保持各类人群的和谐相处？孕育于城市文明之中的礼让精神，正是城市日常生活秩序得以维持的道德基础。“退一步，海阔天空”。没有礼让，就没有城市生活繁忙而高效、快捷而有序的律动；没有礼让，就没有城市生活陌生而亲切、平实而热诚的温情。

知足常乐

曾子（公元前505年——公元前432年），名参，字子舆，春秋末期鲁国武城（今山东费县）人，孔子的门生，以孝行见称，后世称之为“宗圣”。

子夏（公元前507年——？），本姓卜，名商，字子夏，春秋末期晋国温（今河南温县西南）人，孔子的门生，以文学见称。

有一天，两人在路上相遇。其中一个人拉住另一个人的手说：“哟，真是士别三日，当刮目相看呢！子夏兄，我们分别不久，但我看你现在气色很好，脸颊红润，好像还胖了一点呢？以前你可是很清瘦的啊！”子夏说：“哪里，哪里！曾子兄太夸奖我了。不像你，身体一向都很好，我真是羡慕你啊！还有，你又有德行，又很孝顺，我一直都把你当做学习的榜样哩！”

曾子又笑着说：“现在过得不错吧？把你发胖的原因告诉我，行不行？”说完他轻轻地拍了子夏的手几下。

子夏先顿了顿，又清了清嗓子，故作神秘地说：“我之所以发胖，是因为我战胜了自己。”曾子有点迷惑不解，眼睛眨了几下，说：“什……什……什么？你发胖是由于战胜了自己？你不说还好，越说我越糊涂了！”

子夏不慌不忙地说：“前段时间，我脑子里有两种情绪，一直纠缠着我。我每天想个不停，但没有答案，不知道倾向于哪一边，于是就一天天地消了。后来有一天，我做了个梦，在梦里，我们的老师孔子对我说‘子夏呀，我知道你现在头脑里有些杂念，搅得你寝食不安，我只想告诉你，做人就要做一个品德高尚，有德行的人啊！’说完，老师就突然不见了。我十分纳闷儿，到处寻找老师，让他再给我解释解释，可就是找不到。我大声喊着‘老师，老师。’喊了几句就惊醒了。”

子夏歇了口气，接着说：“醒来以后，我一直念着老师讲的话，‘杂念’，‘杂念’……突然一道亮光从眼前闪过，我开窍了，也终于把长时间以来搅得我心神不定的疑问解开了。因为在那段时间里，我读书的时候，研究的都是圣贤君王提倡的那些仁义道德，感到十分敬仰和向往；可是一走出书房，看到外面世界中的荣华富贵，又很羡慕。这两种思想一直在我脑海里激烈地斗争着，分不出胜负，把我弄得十分憔悴。后来经过老师的提醒，我终于明白了，人重要的是要有德行，要做一个高尚的人，而不能只满足于物质享受、满足于自己的虚荣心。最后，圣贤君王的大道理战胜了我的私心杂念和虚荣心，我没有思想负担了，饭吃得香，觉也睡得好，于是就慢慢地胖起来了。”

曾子点了点头，若有所思地说：“是啊！知足者常乐呀！今天能遇到你，又让我学到了不少东西啊！”所以说，做人不要有太多的私心杂念，不要太在乎追求物质享受，而应在精神

天地融合，社会和谐，必以谦让为先；世间友爱，家庭温暖，亲人体贴，也需容忍在前。

方面充实自己，做一个谦恭、俭朴的人，就像子夏一样，你们说对不对？

《韩非子·喻老》

本篇成语解释：

1.【刮目相看】刮目：擦眼睛，彻底改变看法。用新的眼光来看待。
2.【心神不定】心里不平静，神态不安定。

礼让说起来容易，做起来却有一定的难度。那么，应该怎样做到礼让呢？有以下几条可参考：

一是要求每个人要从基础做起。不要空谈；二是要求人们在个人的利益上还是要强调谦让，不要斤斤计较；三是要主意个人的文明和修养；四是要用制度来保证礼让的实施（如“承诺制”）；五是要形成一种社会氛围，使人感到不这样做就有一种压力，不礼让就不行。最后。一定要记住：礼让要注意从小培养，从小事中逐渐养成。

装病让相

陈平（？——公元前178年），西汉初大臣。阳武（今河南原阳东南）人。少时家贫，好读书，是刘邦的重要谋士，为汉朝的建立立下了汗马功劳，后封为曲逆侯，历任丞相之职。

周勃（？——公元前169年），西汉初大臣。沛（今江苏沛县）人，秦末随刘邦起兵反秦，以军功为将军，封绛侯。历任太尉（最高军事长官）和丞相等职。

公元前180年，长安，未央宫。刚刚登基的汉文帝，一早就来到了未央宫，准备升殿早朝。群臣陆续进宫，文武百官，排成左右两行，三呼万岁。汉文帝踌躇满志地扫视着众位大臣的脸。突然，他好像发现了什么似的，大声问道："丞相陈平为何未到？"太尉周勃出列，回答道："陈平丞相病了，不能前来叩见皇上，望皇上恕罪！"汉文帝感到纳闷儿：陈平昨天还是好好的，怎么今天就病了？不会有什么问题吧？陈平是开国老臣，我可得去看看他。

于是，退朝之后，汉文帝换上便服来到陈平家。他对陈平说："听说爱卿病了，朕放心不下，特地来看看。不知您请了医生没有？您年纪大了，可要注意身体呀！"听了汉文帝一番关怀的话语，陈平感动得热泪盈眶，连忙跪倒谢罪说："臣对不起皇上的一片仁

爱之心，臣犯了欺君之罪呀！”

原来陈平在装病！可他为什么要装病呢？这就要从汉高祖刘邦去世说起了。汉高祖刘邦去世后，他的妻子吕后专权，吕氏子弟拉帮结派，准备发动叛乱。就在这危急时刻，陈平立刻去找太尉周勃。周勃调动军队及时有效地阻止了叛乱，将吕氏家族一网打尽，保住了江山社稷，并把原来的代王接到长安登了基。这就是当今皇上——汉文帝。

陈平把一切都对文帝说清楚后，诚恳地请求道：“皇上，论打江山，周勃的功劳不如我；可消灭吕氏家族，扶您登基，周勃的功劳可是第一呀！所以我装病，就是希望能将相位让给周勃，这样大家才能心服口服啊！望皇上恩准。”

听了陈平的解释，汉文帝明白了一切，十分感动，便同意了陈平的请求。他发布诏书，任周勃为右丞相，位居第一，陈平为左丞相，位居第二。周勃当上位居第一的右丞相，心里当然高兴啦，可他没多少文化，在处理国家事务时经常出丑。

一天上朝时，汉文帝问右丞相周勃：“现在全国每天有多少人被判刑啊？全国一年的收入有多少，支出有多少啊？”周勃平时只关心领兵的事，对刑狱、财政从不过问，因而一时间语无伦次、答非所问，急得满头大汗。汉文帝又问陈平。陈平回答得很详细，而且还叫下面的直属官员补充。汉文帝听后非常满意。这件事对周勃的触动挺大，他仔细想了想，觉得自己在处理国政方面的才能确实和陈平相差很远，为了国家和百姓的利益，还是应该让陈平当丞相。于是，周勃也假装生病，向汉文帝呈上了辞职书。

汉文帝理解周勃的心情，就同意了，并任命陈平为右丞相。陈平和周勃一文一武，辅佐汉

文帝中兴汉朝大业，使汉朝出现了后人推崇的“文景之治”。

《汉书·陈平传》《汉书·周勃传》

本篇成语解释：

1.【踌躇满志】踌躇：从容自得的样子。形容心满意足，从容自得的样子。

2.【汗马功劳】汗马：将士骑马奋勇作战，使马奔跑出汗。在战场上立下的功劳；泛指在工作中作出重大贡献。

3.【一网打尽】形容全部逮住或彻底肃清。

4.【语无伦次】伦次：条理，次序。说话颠三倒四，没有条理。

一般来说，以下这些人是决不会礼让的。

私心太强的人是不会礼让的。这些人一天到晚考虑的尽是自己的利益，怎能对他人礼让？

愚昧无知的人是不会礼让的。这类人不懂规矩，自然也就不会什么文明修养的了。

缺乏同情心的人是不会礼让的。这类人对什么都很冷漠，要让他们待人热情，比登天还难。

骄傲狂妄者是不会礼让的。这类人目空一切，什么人都不在他的话下，怎么能礼以待人？

兄助弟业

卜式，西汉河南郡（今河南洛阳）人。屡以家财捐助朝廷。后封关内侯，官至中郎（宫庭禁卫官）御史大夫（最高监察长）。

卜式小的时候，家里很富有，有几百亩田产和几百头牛羊，一家人生活得很幸福。但好景不长，在卜式十五岁的时候，父母相继患病去世，只留下他和不满六岁的弟弟相依为命。生活的重担全都压在了卜式身上，他既要抚养只知道哭哭啼啼的弟弟，又要管好几百亩田产和几百头牛羊，的确很不容易。可是他年纪虽小，却将这些大小事都管理得井井有条。

卜式对弟弟几乎倾注了他所有的心血。天冷了，他买棉衣给弟弟穿；天热了，他领着弟弟去村边的池塘游泳嬉闹；该上学了，他又把弟弟送进村里最有名的学堂念书。衣食住行，油盐酱醋，他都要管到管好。尽管一天到晚忙得腰酸背疼，但他却感到非常欣慰，因为他没有辜负父母临终前的遗愿：把弟弟带大，将田产管好。

转眼间，十几年过去了，弟弟变成了一个大小伙儿，长得壮壮实实的。卜式又忙着为他张罗婚事。终于，在

这一年年底，弟弟成家了！

这一天，卜式把弟弟叫到自己的房间，对他说：“弟弟，你已经长大成人，以后就只能靠你自己去闯了。你知道吗？”说着，眼泪不禁流了下来。弟弟眼里也含着泪，他拉着卜式的手不解地问：“哥，您怎么突然说这样的话呢？”卜式擦了擦泪，笑着说：“不要哭，我有件事要和你商量。你已经成家了，两兄弟感情再好也是要分开过日子的。所以我考虑来考虑去，决定分家！”

“分家？”从小生活在哥哥翅膀下的弟弟从未想过这个问题。“对，分家。明天，我就离开这栋老房子，我什么都不带走。只是这一百头羊养熟了，我就带走了，你不会反对吧？”弟弟摇了摇头，只知道流泪。“其余的，包括几百亩田产和牛群，你要好好经营、照管，这可是父母亲留下来的呀。”说完，他将一个精心制订的账本交给弟弟。弟弟不知道说什么好，只是抿着嘴哽咽着点头。

第二天，卜式就赶着羊儿上了山。他在山上盖了一间茅草屋栖身，每天赶着羊群吃草喝水，看山听水，倒也逍遥。不到几年功夫，羊群不断扩大，羊的数量也猛增到千只左右。他将这些羊卖了出去，重新买了土地，盖了新房，生活比以前好多了。

可他的弟弟呢，空有几百亩土地和牛群，却一点儿都不善于经营，不到几年，就近乎破产了。听到这个消息，卜式连忙赶到弟弟家里，将自己辛辛苦苦得来的血汗钱送给

我们要常怀着一颗谦让之心去对待朋友、对待家人、对待社会、对待世界，这样，谦让就会拉近你我之间的距离。

弟弟，帮他渡过难关，并告诉他一些经营田产的方法和诀窍。

不久后，弟弟的生意也逐渐好了起来。卜式和弟弟也都因此而成为当地有名的人。

《汉书·卜式传》

本篇成语解释：

1.【好景不长】景：光景，时机。好的光景不能永远存在。常用来表达感伤的心情。

谦让对于他来说似乎是骨子里本身就具有的。这种人他的身上就携带着谦让的基因．他的脉管里就流淌着谦让的血液。这些人的谦让是天作之美，地予之德。每每你看到他谦让之时是浑然天成，毫无做作，显得非常自然，特能让人乐意接受，而且你并不觉得需要感恩载德，和日后的回报。

大树将军

冯异（？——公元34年），字公孙，颍川父城（今河南宝丰东）人。东汉初年著名将领。精通兵法，屡建功勋，任征西大将军。后封为阳夏侯。

你们知不知道，人们往往喜欢把那些立了大功却又谦逊不傲的将军称为“大树将军”。要想知道这个称呼的来历，你得先读完下面这个故事。

西汉末年，爆发了一次农民大起义。这次起义是由分散在各地的几十支起义军汇合在一起发动的，声势非常之大，当时的皇帝吓得每天睡不着觉，吃不下饭。派出镇压起义的将领去了一个又一个，都是没过几天就大败而归。

起义军中，有一支是由汉宗室刘秀领导的，他在起义过程中不断兼并其他的起义军，但同时他又特别爱护老百姓。慢慢地，他的军队成为了势力最强的一支。最后，他推翻了旧的王朝，消灭了其他起义军，恢复了汉王朝，自己则当上了皇帝，即汉光武帝，历史上称他建立的朝代为东汉。

刘秀能当上皇帝，离不开自己的奋斗，但他也非常清楚，如果没有手下众多将领多年来的浴血奋战，自己是不可能成功的，特别是冯异，最值得嘉奖。

冯异从小就喜欢读书，经常捧着《孙子兵法》

仔细地研读，因此对用兵之道非常熟悉。据说，他还经常在沙地上摆模型，演练战法。他也很有志向，从小就立志要为平定天下而努力奋斗。十一二岁的时候，他就每天早起锻炼身体，舞枪习棍，渐渐地，他不仅身体变得十分健壮，武艺也很高强。后来他跟随刘秀南征北战，屡立战功。

这一天，光武帝在皇宫中大摆酒宴，一来是为了庆贺胜利，二来是为了奖赏手下的诸位将领。皇宫中到处都热闹非凡，宫女们翩翩起舞，乐官们奏起美妙的音乐，漂亮的桌子上摆满了山珍海味、天下美酒。将领们一个个开怀畅饮，碰杯声、欢笑声没有间断过。

酒过三巡，光武帝举起酒杯，慢慢地从龙椅上站起来，说：“各位将军、爱卿，朕今天大摆宴席，就是为了奖赏你们多年来立下的功劳，大家只管尽情地喝。来，朕先敬诸位将军一杯！”说完，光武帝一饮而尽。他接着又倒上一杯，再次举杯说：“朕在这里还要特别提一下你们当中的两位将军，那就是冯异和岑彭将军。大家都很清楚，从一开始，他们就跟随在我身边，自始至终，毫无怨言，从不退缩。他们英勇杀敌，立下了赫赫战功。尤其是冯异将军，他功勋卓著，却从不居功自傲，老百姓都叫他‘大树将军’哩！大家也许还不知道这个‘大树将军’是什么意思？那就是说，每次打了胜仗，当众位将领们等着论功行赏时，那些人里

面绝对没有冯将军的身影。他到哪儿去了呢？原来，他总是一个人坐在附近的一棵大树下，静静地休息、思考，完全不去摆功争赏。如果有人问他为什么，他总是说：‘我是有点功劳，但更多的功劳是其他将领和众多士兵们的，要奖，就奖那些人吧！’因此，将士们给他起了个绰号，即‘大树将军’，以表示对他这种谦逊品质的钦佩。所以，这杯酒，我特意敬冯将军！”

众位将领都欢呼起来：“哦！为‘大树将军’干杯！”酒宴的气氛更加热闹了。

《后汉书·冯异传》

本篇成语解释：

1.【浴血奋战】浑身是血还在奋力战斗。形容战争惨烈，将士英勇。

2.【居功自傲】居功：自以为有功。自认为有功劳就可以看不起别人。

3.【论功行赏】按功劳给予奖赏。

谦让是一种豁达的挚爱，就如清泉浇灭嫉妒之火。可以化冲突为祥和，化干戈为玉帛。谦让又是一种高尚的品德。别人冲撞了你，内心也会感到不安。你以谦让待人，自然会得到别人的理解与拥戴。不管是家人、老师或是朋友、同学，相处之间应该谦让有礼，和谐社会的构建，不都是需要以此来保证吗？

拒绝皇亲

宋弘，字仲子，京兆长安（今陕西西安）人。东汉时期官员。官至大司空（负责掌管各种工程建设的官员）。

在一个修建水渠的工地上，一位官员正忙忙碌碌地指挥人们施工。只见他的脸被太阳晒得黝黑，脸庞消瘦，头上戴着草帽，脚上踏着草鞋，身上的衣裤被泥土染成了黄色，袖子上有几个地方破了，露出了手臂，还没有缝起来。

忽然，一匹快马飞奔过来，马上有一位太监喊道："圣旨到，请宋大人接旨！"当时身为大司空的宋弘赶忙跪在地上接旨，太监说道："皇上有旨！请大人立即返回皇宫，皇上有要事商量。"

宋弘满腹狐疑，心想："两个月以前，皇上亲自命令我到工地来督促工程建设，现在怎么突然要我回去呢？是不是有其他的事？"

由于他已经有两个月不在皇宫，担心皇宫出了什么事，而且皇上的圣旨又不能违抗，于是他把督促建设的事向手下的官员交待清楚后，便马上换了干净的衣服，跟随太监回皇宫了。

第二天下午，他们风尘仆仆地进了宫，并立刻拜见汉光武帝。宋弘焦急地问："皇上，您急匆匆地把我召来，有什么大事吗？那个工程还没有完成一半呢，现在正需要我！”皇上漫不经心地笑了笑，然后说：“宋爱卿，这几个月来辛苦你了，来，先坐下喝杯茶，别急嘛！”说完便命令侍女端上茶水。宋弘见皇上故意卖关子，更加心神不定了，哪还有心思喝茶，于是又问道：“皇上，有什么事请您马上告诉我，免得微臣忐忑不安。”

皇上见他问得紧，只好说：“朕听很多人说，人做了官要另外交朋友，发了财要另外娶老婆，这大概是人之常情吧！你认为是不是？”宋弘以为是别的什么事，没想到皇上对他说的只是一些无关痛痒的话，他听了以后有些茫然，不知如何回答，只是嘴里不停地说：“这……这……”皇上对宋弘说的这些话，到底是什么意思呢？

原来皇上有个姐姐叫湖阳公主，出嫁后不久丈夫就病死了，只好在宫中守寡。但她经常听弟弟光武帝称赞大司空宋弘人才如何出众，办事怎样老练，于是她逐渐在头脑里产生了一个念头，想要嫁给宋弘做妻子。有一次，她向光武帝表明了这个意思。光武帝很同情姐姐的遭遇，就答应帮她促成这件事。但是他又知道，宋弘已经有了妻子，而且他与妻子感情很深厚、真挚。他不想拆散这对夫妻，觉得很难开口。于是，他就派太监召宋弘回来，想跟他商量商量，并乘机劝劝宋弘。

容忍可使夫妻恩爱百年；谦让能让夫妻白头偕老。

弄清楚事情的真相后，宋弘严肃地说：“皇上，您的一片好意我心领了，但是我不是那种人。俗话说：‘贫贱之交不可忘，糟糠之妻不下堂。’我和妻子感情很好，而且当年我父亲被奸臣陷害时，我妻子与我患难与共，没有离我而去，她跟我一起不知吃了多少苦头才熬了过来，这样贤惠的妻子我怎么忍心抛

弃呢！所以，皇上所说的事情，微臣是断断不能听从的，请皇上原谅我不能答应您的要求。”

光武帝见宋弘态度十分坚决，也就只好作罢了。像宋弘这样不贪富贵、甘心贫贱，是多么地难能可贵啊！

《后汉书·宋弘传》

本篇成语解释：

1.【漫不经心】漫：随便。随随便便，不放在心上。

2.【无关痛痒】痛痒：比喻切身相关的事。指与本身利益无关。

3.【患难与共】共同承担灾祸与困难。

4.【风尘仆仆】风尘：指在旅途中；仆仆：疲累的样子。形容旅途劳累的样子。

因为不会礼让，人们不敢堂堂正正、老老实实地做人了，而是被“逼”着“随乡入俗（流）”：说粗话、做粗事、办俗事、人们所认同的、所喜欢的、所欣赏的、所流行的，是一种粗俗、庸俗、媚俗和恶俗。在这些俗中，贯串的是赤裸裸的人欲、物欲、金钱欲，是一种人性的放荡和寻求刺激。

不记私怨

盖勋，字元固，生卒年不详，敦煌广至人，东汉时官员。为人耿直，才能出众。官至长史（辅佐宫庭中“三公”的官员）。

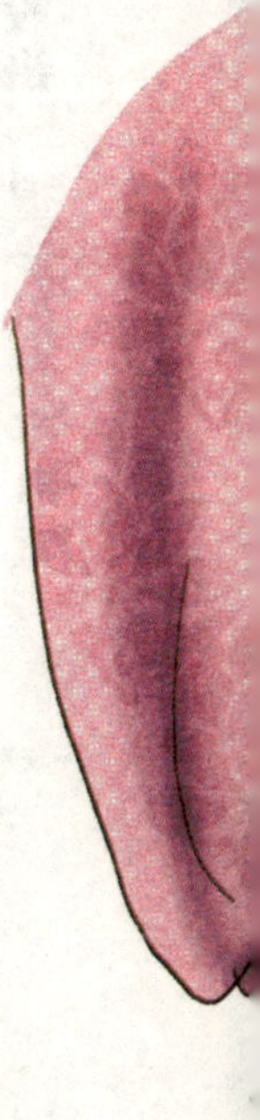

夜已经很深了。房子里有一位刺史（掌握一州军政大权的官员）来来回回地走动着，看起来十分焦急，他口中不停地说：“怎么还不来呢？唉！这可怎么办才好呀！”

过了一会儿，门外传来了急促的脚步声，刺史马上快步走到门边，去接那个人。见了面，他一把拉住来人的手说：“盖勋，你可来了！急死我了！”

盖勋为人一向耿直，才能出众，很多人遇到麻烦事时都喜欢请他帮忙出谋划策。今天这么晚了刺史还派人把他请来，他立即明白肯定是刺史遇上了难题。由于刺史平时对他很好，又是他上级，所以盖勋二话没说，马上就赶到了刺史家中。他对刺史说：“您别急，慢慢说，把事情讲清楚些，我们一起来想办法！”刺史见盖勋来了，心里镇定了许多，于是说：“是这么回事。今天晚上吃晚饭的时候，突然有人报告说：‘大人，不好了！你的一个下属苏正和依法查办了武陵太守。’我一听到这个消息，心里就咯噔一惊，知道肯定要有麻烦了。这个太守平时目无王法，横行霸道，确实干了不少坏事，老百姓都对他恨之入

骨，巴不得吃他的肉，扒他的皮。按理说依法查办他是合情合理的，他也是罪有应得。但是你也知道，他在朝廷里有人撑腰，而且在地方上也有不少狐朋狗党，得罪了他，肯定是要遭殃的。现在苏正和这么做，真是让我为难呀！”

盖勋一听，全都明白了。他知道，作为苏正和上司的刺史是怕触怒朝廷中与武陵太守有关系的权贵，从而连累到自己。于是他故意先问刺史：“您打算怎么办呢？先说出来听听吧！”刺史直截了当地说：“我原想处死苏正和，来平息朝廷中那些人的怒气，让苏正和作挡箭牌。但是我又不忍心这么做，毕竟苏正和是我很器重的一个人，而且他也没做错呀，所以我左右为难，拿不定主意，这才请你来嘛！”

盖勋也觉得很棘手，于是他说：“大人，这事确实很不好办，让我先回去想想吧！再说，夜很深了，您先休息吧！明天我再来跟您说！”回到家里，有人向盖勋挑拨说：“这是个报仇的好机会，可不要错过呀！你应该建议刺史杀掉苏正和才对哩！”原来盖勋与苏正和原来有私人仇怨，于是这人便想劝他乘机落井下石。

盖勋听后，勃然大怒，脸涨得通红，他霍地站起身来，十分愤怒地说：“你把我看成什么人了？借谋划事情而杀害贤良是不忠的表现，乘人危难而进行报复是不仁不义的行为，现在苏正和正处在危难之中，我怎么能干那种卑鄙的勾当呢！”

第二天，他去拜见刺史，用一个比喻表达了自己的观点，他说：“猎人喂养鹞鹰，是要求它凶猛，这样打猎时才能捕获猎物，如今它凶猛起来了，捕捉到了猎物，您却想把它杀掉。这说得过去吗？”

刺史一听，顿时醒悟过来，连忙说：“对！对！”于是他打消了杀死苏正和的念头，并态度鲜明地支持苏正和依法办案。

盖勋高尚的德行传到了苏正和的耳朵里，他深受感动，人们更是称颂盖勋这种不记私怨、胸怀宽广的操守。

《后汉书·盖勋传》

本篇成语解释：

1.【横行霸道】形容坏人仗势胡作非为，蛮不讲理。

2.【狐朋狗党】比喻勾结在一起干不正当事情的朋友、伙伴。也说“狐群狗党”。

谦和礼让，是城市生生不息、祥和繁荣的内在要求，也是城市精神的具体体现。海纳百川，需要用礼让来体现开放姿态；大气谦和，需要用礼让来体现兼容并蓄。斤斤计较、不肯吃亏，贪小势利、排斥外人，都不是人应有的气度和胸怀。

孔融让梨

孔融（公元153年——208年），字文举，东汉鲁县（今山东曲阜）人，孔子的后代。曾任少府（掌管宫中御衣、宝货、饭食等的官员）等职。

孔融让梨的故事，可能有不少小朋友已经知道了。但他是怎么个让法，小朋友们恐怕就不太清楚了。如果你想知道个究竟，那就不妨看一看下面这个故事。

孔融自幼便十分聪明好学，知书达礼，孝顺谦让。孔融兄弟共有七人，他排行第六。兄弟几个经常在一起做游戏、看书，一直都和睦相处，从来没打过架、吵过嘴。

孔融四岁那年，有一天，父亲去赶集，他见集市上的梨又好又便宜，心想：孩子们平时几乎没有零食吃，也够苦的，我为什么不顺便买些梨子回去呢？于是他掏出口袋里仅有的一点钱，买了七个梨子。

父亲一到家，便说道："你们都来看一看，我给你们买好吃的啦。不过每个人只能拿一个。"兄弟七人都高高兴兴地围拢过来，看见父亲带回来的是梨子，全都馋得口水直流。孔融见梨子有大有小，于是就躲到哥哥们的后面，心想：让他们先把大梨子拿走吧，我只拿个小的就可以了。

可是哥哥们也十分谦让，对孔融说：“六弟先拿吧，然后再是七弟拿。”孔融说：“我年纪小，应该后拿。还是哥哥们先拿才是。”不管哥哥们怎么劝说，孔融就是不先拿。于是大哥上前一步，说：“六弟这么谦让，那我来帮他拿一个吧。”于是他挑了个大的，递给孔融。孔融说什么也不要。大哥又说：“让你拿，你不同意；我帮你拿，你又不接受。那怎么办才好呢？”

孔融见不拿是不行了，于是灵机一动，对哥哥们说：“我拿！我自己拿！”说着，便走到篮子旁，左瞧瞧右看看，挑了个最小的梨子，并说：“这个梨子很好看，我就要这个，你们拿吧！”说完，他又帮七弟拿了个大的。

父亲看着孔融的举动，不住地点头，并故意问道：“你为什么只拿小梨子呢？”孔融答道：“我年纪小，当然要拿小的喽。”父亲又问道：“七弟不是比你更小吗？”孔融说：“我比七弟大，我应该照顾他，让他吃大的。”兄弟们拿起梨子，津津有味地吃了起来，唯独孔融不吃。父亲见了，忙问道：“你已经拿了个小梨子，怎么还不吃呢？”孔融说：“我们兄弟有梨子吃，可是您和娘却没有，这咋办呢？”父亲摆摆手，说：“我买梨子，是特意给你们吃的，我和你娘不吃。”孔融却忙跑到厨房，用刀把他自己的那个小梨子切成两半，然后一半送给父亲，另一半送给母亲。

父亲感动得一下子把孔融抱了起来，说：“你真是爹娘的好孩子啊！”母亲也在一旁不停地称赞孔融。孔融四岁让梨的故事，很快便家喻户晓。

《后汉书·孔融传》

你饶我一寸；我宽你一尺。你给我一份乐；我予你一份欢。你借我一桶水；我还你一桶油。

本篇成语解释：

1.【津津有味】津津：有滋味或兴趣浓厚的样子。形容有滋味，有兴趣。

2.【家喻户晓】喻：明白；晓：知道。家家户户都知道。形容人人皆知。

在现实生活中，学会在什么时候谦让，怎样谦让，是一门艺术！孔融让梨的故事，教育了一代又一代的中国人，在今天，这个家喻户晓的故事所宣扬的那种“谦让”的传统道德，那种“牺牲”的精神，遇到了商品经济大潮中竞争、等价交换等观念的挑战。在今天，这也是理所当然的。试想：在激烈的竞争面前，是谦让还是勇敢面对？这的确是对每一个人的灵魂的考验。

让感饥民

赵孝、赵礼，汉朝蕲州人。曾分别担任谏议大夫（掌管议论的官员）和御史中丞（监察郡国行政等的官员）。

西汉末年，政治腐败，社会动乱，皇帝的亲戚王莽乘机夺取了朝廷大权，自己做了皇帝。他上台后，社会更加黑暗，贪官污吏四处横行，广大农民丧失了土地，生活非常困苦。这时，又发生了严重的自然灾害。天灾加人祸，使得各地普遍闹起了饥荒，有的地方甚至发生了人吃人的惨剧。

在蕲州，有兄弟两人，父母早亡，兄弟俩好不容易撑起了这个家。自从闹饥荒后，他们俩每天靠吃树皮为生。

一天，弟弟赵礼又到村后的山上去削树皮了。没过一会儿，一位邻居慌慌张张地跑到他们家门口，大喊："不好啦，赵孝，你的弟弟被一伙饥民捉住啦。"赵孝闻声立刻从屋里冲了出来，忙问："饥民捉我弟弟干吗？"邻居说："听说要吃他的肉充饥呢！"赵孝听后，心一下提到了嗓子眼，脸也吓得变了色，禁不住叫了一声："啊！还有这等事？"说着便飞也似地向村后的山上冲去。可不是吗，弟弟已被结结实实地捆绑好了，一伙饥民正围着他，一个个张着嘴，好像要吃他似的。

这时，赵孝猛地哭了起来："你们行行好吧，不要吃我的弟弟。你们看他皮包骨头的样子，哪里还

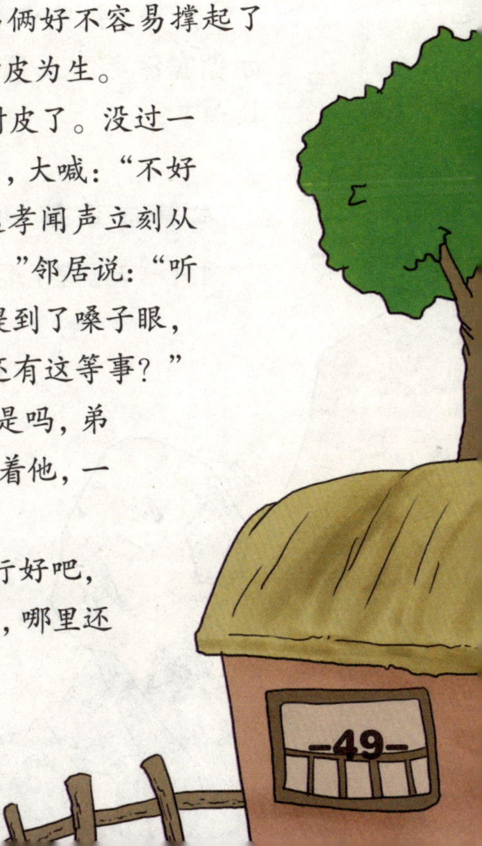

有一块肉呢？”饥民们听见了赵孝的哭诉声，纷纷看着他，其中一个头目说：“我们也是没法子啊，如果不吃你的弟弟，那我们就只有等死呀！”赵孝说：“你们看看，我身上的肉比我弟弟的要多多了，如果你们非要吃人肉不可，那就吃我吧！”

说着，赵孝从地上捡起一根绳子，把自己捆绑在树上，又冲着饥民说：“你们来吃我吧。”赵礼见哥哥要替自己去死，痛苦地说：“哥哥，你不能被他们吃了呀。求求你们不要吃我的哥哥，就吃我吧！”

饥民们被赵孝、赵礼两兄弟争死的场景深深地感动了，他们一个个低下了头。这时，那个头目抬起头来，说：“人心都是肉长的，我们不能干这种伤天害理的事。把他们兄弟俩放了吧，今后，我们要堂堂正正做人！”饥民们连忙应声答道：“对呀！对呀！”于是，他们连忙给赵孝、赵礼松了绑，还不停地向他们赔不是，叫他们俩回家去。

后来，饥民们纷纷参加了农民起义军，打击恶霸地主，惩办贪官污吏。王莽的反动统治最终被声势浩大的农民起义军推翻了。

《后汉书·孝友传》

本篇成语解释：

1.【伤天害理】形容做事凶狠残忍，灭绝人性。

2.【堂堂正正】堂堂：盛大的样子；正正：整齐。原来形容强大整齐的样子。后来有光明正大的意思。

3.【声势浩大】声威气势非常壮大。

谦让的美德让人看到了人性的光辉，即使身处乱世，人心险恶，这种美德所给人带来的感染力也是巨大的。

顾全大局

寇恂（？——公元36年），东汉初将领，字子翼，上谷昌平（今属北京市南）人。平素好学，修乡校，教生徒。

忍得一时之气，免得百日之忧；不图一时之快，赢得百年好合。

寇恂是东汉初年的开国功臣，深受汉光武帝刘秀器重，被封为将军，任命为颍川太守。当时战乱刚刚平息，各路带兵的将领都仗着自己很有功劳，便肆无忌惮，到处惹事生非，掳掠百姓。那时负责督巡京城洛阳治安的是贾复，他手下的一名部将，竟然跑到颍川城去作恶，而且还杀了人。寇恂立即派人追捕，很快就将这位将军捕获了。那时候有种普遍的倾向：军官犯法，大多互相包庇，大事化小，小事化了。寇恂却不顾情面，将那位将军依法当众处决了。这下可惹恼了贾复，他认为寇恂没给他面子，决心伺机报复。

这一天，贾复受命率领运输军粮的军队正好要经过颍川郡。士兵们有的赶着马车，有的拉着小车，浩浩荡荡的。贾复骑着高头大马，走在队伍最前面，他挥舞着马鞭，指着不远处依稀可见的颍川城，怒气冲冲地对手下说："这个寇恂和我贾复同为将军，却一点面子也不给我，竟敢杀我手下一位部将，真是太可气了！我这回到颍川一定要给他好看，让他尝尝我的宝剑！"说着抽出宝剑，并从马背上随手拔下一根马毛放在宝剑的锋刃上，轻轻一吹，马毛竟一下子断为两截！贾复和手下一起哈哈大笑起来。

寇恂早已得知贾复将要经过颍川。他想：上次我杀了贾复手下一员部将，他一直怀恨在心，这次他来，如果我亲自到场迎接，肯定会出事的！想到这里，他马上吩咐手下准备丰盛的酒食，摆放在街道两旁，迎送贾复的运粮部队。“您呢？”手下异口同声地问道。“我嘛，”寇恂犹豫了一下，说，“我就不去了。”手下的部将相互看了看，默不作声。

一位名叫谷崇的部将终于忍不住了，站出来大声说：“将军，您上次杀了贾复的人，完全是为民除害！您为何不敢……”后面的话他就不说了。寇恂正色说道：“我不是不敢，而是……”话还没说完，就被谷崇打断了：“将军，您如果不放心，我可以带上宝剑，护卫在您左右，即使有什么变故，也决不会让贾复小儿伤着您一根毫毛！”其他部将也随声附和着，说要保护寇恂。

谷崇武艺高强，随寇恂一道南征北战，忠心耿耿，立过不少战功，有他在，寇恂完全可以放心。可寇恂还是耐着性子跟谷崇和其他部将解释道：“我寇恂纵横疆场十几年，什么样的场面没见过，还怕他贾复？我是从国家利益这方面来考虑这个问题的呀！你想想，现在国家百废待兴，如果我们两个闹起矛盾，甚至打起来，这不是给国家添乱吗？从前赵国的蔺相如不怕秦王蛮横贪婪，却对廉颇一再忍让，还不是为了国家的利益！小小赵国的蔺相如尚且如此，我作为大汉王朝的将军，怎么能忘了国家利益而意气用事呢！”一番话，说得大家哑口无言。

就这样，寇恂顾全大局，忍让规避，避免了一场纷争。后来，光武帝刘秀知道了这件事，亲自出面为两人调解。寇恂和贾复终于又成为了好朋友。

《后汉书·寇恂传》

本篇成语解释：

1.【肆无忌惮】肆：任意,放纵；忌惮：顾忌和畏惧。任意妄为,毫无顾忌和畏惧。

2.【浩浩荡荡】本指水势广阔浩大。后来形容规模很大,气势雄壮。

3.【哑口无言】哑口：像哑巴一样。形容理屈词穷的样子。

4.【顾全大局】顾全：照顾到事物的完整,不使之受到损害；大局：指全盘和整体,多指国家、民族、政党、组织的根本利益所在。一切言论、行动都考虑到全局,不使之受到损害。

在某一些场合和领域，“谦让”与“牺牲”，则会赢来他人赞许的目光。在日常生活当中，与他人交往。与他人打交道的时候，有时候，“谦让”与“牺牲”就是一种美德。比如在公共汽车上，给老人、病人，给抱小孩的乘客让座，这是大家所公认的美德。

蒋琬大度

蒋琬（？——公元 246 年），字公琰，零陵湘乡（今湖南湘乡）人。三国时蜀国大臣。诸葛亮任丞相时为长史（丞相的高级参谋）。后被封为安阳亭侯。

在诸葛亮眼里，蒋琬是个办事稳重、宽容大度、一心为公的人，因此在他去世前，向朝廷推荐了蒋琬。不久后，蒋琬便继任诸葛亮的位子，当上了丞相。诸葛亮既足智多谋，屡打胜仗，又赏罚分明，鞠躬尽瘁，因此手下的人没有一个不服他的。可蒋琬是从小官一步步升迁上去的，虽然品德高尚、才能出众，但和威名远扬的诸葛亮相比，当然是差得很远了。所以蒋琬被任命为丞相后，闲话、怪话就多了。其中，杨敏是闹得最凶的一个。

诸葛亮任丞相时，杨敏因为提了一个不错的建议，而受到重视，被提拔为督农官（负责农业生产的高级官员）。诸葛亮去世后，有许多官员被提拔，而杨敏却原地踏步——一动不动。因此，他心中这个气啊，直往外冒。

这一天，杨敏又在家里大摆宴席，喝酒唱歌，大发牢骚。席间，有个官员讨好他，装着一副愤愤不平的样子，说：“杨大人，您的才气和能力，比蒋某人强十倍，却还只是个督农官，真是虎落平阳被犬欺啊！”旁边的人也在一旁附和：“是啊，是啊！”

杨敏满脸通红，满嘴酒气，歪歪斜斜地站起身子，瞪着布满血丝的眼睛说：“蒋琬这小子有什么本事？办事稀里糊涂，哪比得上诸葛丞相。我告诉你们，不出几年……不出几年，我就可以取而代之……”说完，便趴在桌子上睡着了。没有不透风的墙，杨敏的话就传到了蒋琬的耳朵里。管家气呼呼地说：“老爷，这杨敏也太放肆了，屡次与老爷作对，不治治他，下面的人可怎么服您啊？”蒋琬依然批阅着公文，头也不抬地说：“我的确比不上诸葛丞相，办事肯定会有让人不满意的地方。这杨敏之事就不必追究了。”“这岂不是白白便宜了他？您起码应该把杨敏叫来，细细责问他。您究竟有什么事办得稀里糊涂呀！”管家直替蒋琬叫屈。蒋琬放下笔，笑着对管家说：“我赶不上诸葛丞相，办的事就不会合情合理；办事不能合情合理，当然也就稀里糊涂了，你说还要追问什么？”管家还要争辩什么，但被蒋琬制止了。

杨敏骂蒋琬之事就这么过去了。过了几年，杨敏因为贪污粮款而被关进了牢房。知情人纷纷议论，说这回杨敏必死无疑了。管家更是高兴，兴奋地对蒋琬说：“真是老天有眼呐！

冤家相逢路窄处，得饶人处且饶人；即使萍水相逢时，理应包涵且包涵。

老爷，杨敏贪污成性，又诽谤丞相，罪上加罪，干脆处死他算了！”

蒋琬依然批阅着他的公文，头也不抬地说：“我蒋琬一生光明磊落，怎么能干这种落井下石的事呢？”他叫来掌管司法的官员，叮嘱他们依法办理，不要受他人干扰。

杨敏最后只被判了几年监禁和没收家产。大家知道后，都被蒋琬宽己待人，严于律己，不假公济私的高尚品德所感动。下面的人也都服了他，闲话、怪话自然也就从此都没影儿了。

《三国志·蒋琬传》

本篇成语解释：

1.【鞠躬尽瘁】鞠躬：弯着身子表示恭敬、谨慎；瘁：劳累；尽瘁：竭尽劳苦。指小心谨慎，贡献出全部精力。

2.【光明磊落】磊落：心怀坦白。形容心地光明，胸怀坦白。

3.【假公济私】假：借；济：助。借公家的名义和力量，谋取私人的利益。

人们常说不争馒头争口气，因此凡事都要争个高低，不愿意谦让于他人，但是我们要明白这个“气”，是奋发图强的气而不是小肚鸡肠的怨气，在人与人相处时，特别是在处理人与人的矛盾时，我们要学会谦让，这样，问题不就得到很好地解决了吗？

不记旧仇

石勒（公元274年——333年），字世龙。上党武乡（今山西榆社北）羯人。十六国时后赵建立者。

石勒出生于东晋十六国时期上党武乡一个少数民族人家。当时，少数民族地位低微，很受欺侮。石勒做过小贩，当过雇工，二十岁时还被人卖到山东当奴隶。后来，他集合了一支队伍，纵横沙场十几年，打了不少胜仗，并凭着自己的聪明和才干，于公元319年建立了赵政权，历史上称为后赵。石勒自称赵王。

石勒当上赵王不久，就派人将老家还健在的父老乡亲、左邻右舍、亲朋好友、一起贩过猪肉的、一起扛过犁耙和锄头的，通通请到了自己的宫殿里。他摆下几大桌酒席，想和大家谈天说地，叙叙旧情。大家开始的时候都有点拘谨，不敢说话。

石勒见大家这样，忙笑着大声说："乡亲们不要这么严肃嘛！我和大家都是吃同样的菜、喝同样的水长大的，今天不谈其他的，大家大块吃肉、大碗喝酒，有话就说！"一番话说得大家哈哈大笑，气氛一下子活跃起来。大家你一言我一语，说着过去、现在的事。宫殿里不时爆发出快乐的无拘无束的笑声。

石勒不时地捻着胡须，望着宫殿里一张张熟悉的笑脸，听看熟悉的乡里乡音，他一下子陶醉了。忽然，他像是记起什么似的，大声问道：“怎么李阳没来呀？”一听到石勒问起李阳，宫殿里顿时安静了下来。乡亲们你看看我，我看看你，都低下头默不做声。还是一个老头胆大些，他站起身来，颤颤巍巍地说：“回大王的话，您派的人去请过李阳，可李阳知道自己以前得罪过大王，所以不敢前来！”

原来，石勒和李阳是邻居，两人抬头不见低头见。李阳长得五大三粗，谁得罪了他，他就找谁打架。石勒没有李阳魁梧壮实，但也是个不服输的人。有一天，两人为了一块田地动手打了起来，石勒被打得满脸血污，李阳的腿也折了。

石勒听了老头的回答，想起以前的荒唐事，不觉笑了起来，他说：“这事我早忘了，这李阳还记着呢？争夺那块地是我以前年轻气盛时干的事，如果我现在还记得这些陈芝麻烂谷子的事，我这肚皮不就更大了？”说完，拍了拍自己的大肚子。大家都笑了，心里暗暗称赞石勒心胸开阔、宽宏大量。

第二天，石勒派人再次传召李阳。这次李阳来了，但他红看脸，唯唯诺诺的，连正眼都不敢看石勒。石勒拉着他的手，拍看他的肩膀，亲热地说：“你这小子，以前可真够横的。我以前可是挨够了你的拳头，不过，你也吃足了我的腿脚，我们互相都没有吃亏呀！”说完，石勒自己哈哈大笑起来。李阳也笑了。后米，李阳当了官，对石勒忠心耿耿。

《晋书·石勒传》

只说一声『对不起』、『请原谅』、『很抱歉』这些生活中的很平常的谦让的用语是很容易的，但真正大的谦让是需要有底气和自信心的。

本篇成语解释：

1.【无拘无束】拘、束：限制、约束。自由没有约束。

2.【宽宏大量】宽宏：器量大。指人的度量很大。

3.【唯唯诺诺】唯唯：谦卑的应答；诺诺：连声应答，表示顺从。形容只是顺从附和，不敢表达不同意见的样子。

我们所需要提醒孩子的是，不要过分的拘泥于这些传统的道德，心目中应该既有自己，也有他人。一味的“孔融让梨”，那是只有他人而惟独没有自己的体现，就会失去了自我，失去了机遇。对自己的成长与发展不利；一味的以自己为中心，什么时候都把自己的个人利益放在首位，目中无人，“拔一毫利天下而不为”，那是自私的表现。

宗悫宽容

宗悫，南朝宋国南阳涅阳（今河南邓县东北）人，字元干。年少时，任气尚武，后屡立战功。官至刺史（一地或几地军政长官）。

宗悫小时候很有志气，曾写下“愿乘长风破万里浪”的诗句，表达了他为国分忧，想干一番大事业的伟大志向。但是，由于权贵排挤，宗悫到二十多岁时，还只是在军队中担任一名下级官员，地位很低，没有名望，所以有一些人很瞧不起他。

庾业就是其中一个。庾业和宗悫大不相同，他和宗悫虽是同乡，可从小就生活在官家大院里，他的祖父和父亲都是当时有名的大官，他也靠着祖父和父亲在朝廷中的关系，谋了个官职，所以他非常得意，不是东游西荡，就是大摆宴席，整天花天酒地地过日子。

有一次，他回乡下办事，沿途听人说宗悫小时候如何如何聪明，如何如何志向远大，“愿乘长风破万里浪”这句诗更是人人皆知，一些年轻人还常常把这句诗挂在嘴边。庾业听了既嫉妒，又生气，心想：没想到这个穷小子在人们心目中的形象还挺好的。我庾业也不比他差到哪里去呀！他越想越生气，事都没办，就气鼓鼓地回来了。他的管家早就看透了主子的心思，忙在庾业耳边嘀咕了几句。

庚业听后愁容顿消，小胡子直往上翘，大笑着说：“好！好！就这么办！”

这天，宗悫正率领一队士兵在驻地巡逻，忽然一个士兵匆匆跑来递给他一封请柬。宗悫打开一看，上面写道：“敬请宗悫将军于明日午时到寒舍一聚。”落款是庚业。庚业？我和他平常没多少来往啊，为何他要请我吃饭呢？宗悫正想着，那个传信的士兵却说：“宗将军，庚业的家人还说，如果宗将军不去，他将亲自来请！”宗悫笑了一笑，心想：请客吃饭，何必搞得如此隆重呢？恭敬不如从命，那就去吧！

第二天，宗悫身穿便服准时到了庚业家中。庚业早已等候多时，见宗悫来了，忙迎上前去，脸上堆满了笑容说：“宗将军军务繁忙，能光临寒舍，真是令寒舍蓬荜生辉呀！”宗悫谦逊地笑了笑，和几个客人推让了几下，便在酒席旁坐下了。庚业拍了下手掌，只见几个仆人鱼贯而入，不一会儿，桌子上便摆满了山珍海味。庚业举起酒杯，站起身，环视了一下四周，笑着说：“各位，宗悫将军可是我们涅阳老乡的骄傲啊！一句‘愿乘长风破万里浪’可以说是妇孺皆知，这样吧，让我们为宗将军干一杯！”众人随声附和，像是约好了似的都起来向宗悫举杯示意。宗悫忙说：“惭愧，惭愧！”便举起酒杯一饮而尽。

宗悫正要夹菜，庚业却忙拉住他的手，对他神秘地笑了笑，说：“宗将军，慢着！”说罢，他又转身拍了下手掌。只见一个仆人端着个盘子走了进来，然后将盘子放在了宗悫的面前。宗悫一看，发现盘子上是一碗小米饭和两碟盐豆。他十分疑惑：这庚业搞什么鬼？庚业向客人们挤了挤眼，笑里藏着刀，话中带着刺，说：“宗将军是军人，吃惯了粗茶淡饭，哪吃得下这鸡鸭鱼肉啊。宗将军，您不会介意吧？”庚业说完后，便双手抱着手臂，得意洋洋地看着，其他客

人也嗤嗤地笑个不停。只见宗悫稍微愣了一下，然后面不改色心不跳，依然笑着说：“庾大人真是客气，小米饭和盐豆我真的是很喜欢！”他一边吃着盐豆，一边和几个客人谈笑风生。吃完饭，宗悫道过谢后就走了，只剩下目瞪口呆的庾业和他特意请来作陪的客人。

后来，宗悫做了豫州刺史，监督五州军事，坐镇一方，权力很大。这时庾业恰好在宗悫手下当官，但宗悫并不计较庾业以前的所作所为，仍然很客气地对待他。庾业很惭愧，决心重新做人，后来成了宗悫很得力的一个助手。

《宋书·宗悫传》

本篇成语解释：

1.【随声附和】自己没有主见，别人怎么说就跟着怎么说。

2.【蓬筚生辉】蓬筚：蓬草、荆竹编的门，形容穷苦人家。表示由于别人来到自己家里或张挂别人题赠的字画而使自己感到光荣。

人与人之间的和谐共处，贵在谦让。谦让是一种深厚的涵养，它是一种善待生活、善待别人的境界，能陶冶人的情操，带给你心灵的恬淡与宁静。它不但可以改善自己与社会的关系，还可以使自己的心灵得到慰藉与升华。

兄弟情深

王览（公元206年——278年），字玄通，晋朝人，官至宗正卿，管理皇族事务。

打从记事起，王览就看见那个比他大不了多少的哥哥衣着破烂，在家里做很多事，比如扫地、抹桌子等等，妈妈还时常骂他，甚至打他，而他却一声不吭，只是继续干活。后来有人告诉王览，那个人呐，是你的亲哥哥，他是你爹爹第一位夫人的儿子，叫王祥，后来王祥的妈妈死了，你爹又娶了你母亲，于是就有了你。

王览回来问母亲，说："妈，我和王祥是亲兄弟，为什么他穿得那么破烂，而我却穿得这么漂亮呢？为什么他要干活，而我却可以玩呢？"母亲刮了一下王览的鼻子，慈爱地说："小东西，你不明白啦！要是他和你一样，以后分家时你分到的家产岂不是少多了？傻孩子！"王览似乎明白，又似乎不明白。此后，每当王祥干活时，王览总跟在后面，王祥做什么，他也跟着做什么。王祥见王览跟着自己，回头板着脸说了句："跟屁虫！"王览没听清楚，于是问道："哥，

你说什么呀？”王祥恶声恶气地说：“谁是你哥？跟屁虫！”王览这回听清楚了，指着王祥嚷道：“你骂人！你骂人！”恰好这时母亲来了，听到了他们的对话，于是她拿起荆棘条，不管三七二十一就往王祥身上抽，抽得王祥身上青一条紫一条的。她一边抽，嘴里还一边骂道：“叫你偷懒！叫你骂人！你是什么东西，嗯？”王览吓坏了，没想到自己的一句话竟给哥哥带来了皮肉之苦。他忙扑过去，护着王祥，哭着对母亲说：“妈，这不是哥哥的错，是我不好，您打我吧！”

母亲也打累了，便停了手，她指着王览说：“你给我起来，跟我回去！”王览被母亲拉着，一步三回头地走了。他那泪汪汪的大眼睛却一直在王祥脑海中闪现。

从那以后，王览和王祥两兄弟的关系就好起来了，王祥打扫牛圈，王览便在一旁赶牛群；王祥挑水，王览就帮哥哥从水塘里提水，挑到村头后，才交给王祥。王祥则经常带着王览，偷偷地跑到后山去捉小鸟，扑蝴蝶，逗蝌蚪，两兄弟不时发出欢快的笑声。

玩累了，两人便躺在柔软的草地上休息。王览嚼着草根，对王祥说：“哥，我妈其实不是坏人，只是脾气坏些。我回去跟我妈说说好话，她会有所改变的。你不要怪我妈，好吗？”王祥低下头，抚摸着手上的伤痕沉默了好久，然后他回过头对王览说：“行，我答应你！”王览高兴地与哥哥抱在一起。

时间一年一年地过去了，王祥和王览都长大了。王祥在外面的名气比王览大，王览的母亲看在眼里，急在心里。思来想去，一个恶毒的想法便在她心里产生了。

这天晚上，王览的母亲出人意料地把王览和王祥叫到一块

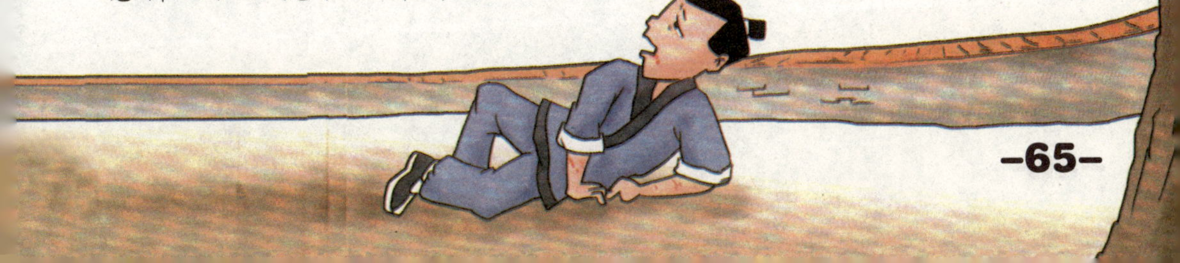

儿，还炒了几样好菜招待他们。她手举着酒杯对王祥说：“祥儿，以前是妈对你不好，现在你有出息了，妈很高兴，妈敬你一杯，你把这杯酒喝了吧。”

王祥接过酒杯，苦笑着看了看王览和母亲，便举起杯往嘴里送。这时王览忽然说：“妈，我来替哥喝这杯酒！”说完，就一把抢去了酒杯。

王览的母亲见亲生儿子抢去了酒杯，脸霎时白了，原来这酒里下了毒，她想毒死王祥。王祥心里清楚，见后母想毒死他，顿时万念俱灰，只求一死，但没想到弟弟把毒酒夺了过去。他非常感动，但哪能让弟弟去死呢，便又去抢。两兄弟抢来抢去，互不相让。母亲见两兄弟争着去死，便走上前去一把抢过酒杯，啪地摔在地上，只见地上哧哧地冒出一股白雾。

母亲羞愧万分，对王览和王祥两兄弟说：“你们两兄弟这么亲密，我也就不再干这种蠢事了。望你们原谅做妈的自私，好好地过日子吧。”两兄弟你看我，我看你，泪水夺眶而出，拥抱在一起。

《晋书·王览传》

本篇成语解释：

1.【成家立业】指人建立家庭，并经营、成就某种事业。

2.【出人意料】指事情在人们想象之外。

3.【万念俱灰】一切想法、打算都破灭了。形容失意或遭受沉重打击后极端灰心失望的心情。

不责小弟

牛弘（公元545年——610年），隋朝大臣。字里仁，安定（今甘肃省灵台县一带）人。性宽厚，好学博闻。官至吏部尚书（职掌选拔官员的最高长官）。

隋朝时，有个大官名叫牛弘。他长得胖乎乎的，两只眼睛小小的，像个弥勒佛。他对人非常和善宽厚，所以别人都愿意和他交朋友。牛弘有个弟弟名叫牛弼，他和牛弘长得一点儿都不像，个子高高的，瘦瘦的，性格暴躁，又喜欢喝酒，每次一喝就是烂醉如泥，然后借酒发疯，到处乱闯，惹事生非。牛弘不知有多少次替他在外面向别人道歉、说好话，也不知劝了他多少回。可牛弼总是左耳朵进，右耳朵出，没用。牛弘的妻子对这个小叔更是恼怒得很，恨不得把他赶出家门。

这一天，牛弘出去办事去了，牛弼见没人管，就请了一批酒友到家里，又是喝酒又是唱歌，搞得家里鸡飞狗跳。牛弘的妻子气得七窍生烟，但又碍于牛弘的面子，不好说什么，只好在屋里生闷气。不一会儿，喝得醉醺醺的牛弼便满脸酒气地和那帮酒友跌跌撞撞地出来了。

只见牛弼一只手拿着一张

谦让是一种美德，是人类智慧的金石，是和谐社会的调和剂。

弓和几支箭，另一只手指着一个人，舌头打着卷说："你……你说我……我射箭不行？看到马棚的灯笼没有？今天我让你见识见识……一下我……我的箭……箭法！"说着，他便拉上弓、搭上箭。正要射时，忽然一股酒气从胸中涌出，他手一软，箭没飞出几步远，便啪哒一下掉在地上。几个酒友东倒西歪地拍掌大笑。

牛弼很不服气，又搭上一支箭，说："那……那支不……不算，看这……这支！"这回他手没软，腿却发抖了，箭"嗖"的一声飞也似的直向前飞去，可灯笼没落地，只听见马棚里的马"嗷嗷"直叫，叫了一会儿，便没声了。

这下，牛弼的酒全醒了，慌忙跑到马棚一看，心中大叫"不好"。原来，他将皇上赐给哥哥牛弘的一匹御马给射死了！这可是哥哥的心爱之物啊！他急得不知道该怎么办，只好跑进自己房里躲了起来。那帮酒友见牛弼闯了大祸，也一哄而散。

这时恰好牛弘办完事回来了，他的妻子马上迎了上去对他大声嚷嚷道："你弟弟又闯祸啦！"牛弘满不在乎地一边走一边说："又怎么啦？""他酒后把那匹皇上赐给你的御马给射死了！"牛弘脚步停了一会儿，依然毫不在意地说："那就把马杀了，今天煮马肉吃嘛！"他走进屋，拿起书看了起来。他妻子见他这样，一点办法也没有，便在他旁边坐下，一边做针线活，一边唠叨个没完。牛弘放下书，对妻子说："不就一匹马吗？何况他射死的是我的马，你唠叨个半天，干什么呀？"

妻子正要辩解几句，只听门外传来一声“哥哥”。牛弼从门缝里挤了进来，眼里充满了泪水，他哽咽着对牛弘说：“哥，是我错了，我以后一定痛改前非，做个有用的人。”牛弘点了点头，上前拍了拍弟弟的肩膀，对他说：“弟弟呀，马死了没关系，只要你认识到喝酒过头的害处，以后能多读点书，我就很高兴了。”牛弼点了点头，随手擦了一下快要流到嘴里的眼泪。牛弘和妻子看着他都笑了。牛弼被哥哥的宽厚之心感动了，后来，他刻苦学习，终于成了国家的栋梁之才。

《隋书》

本篇成语解释：

1.【惹是生非】招惹是非，或引起口角。

2.【七窍生烟】七窍：指两眼、两耳、两鼻孔和口。形容气愤已极，好像眼耳口鼻都要冒出火来了。

3.【一哄而散】哄：喧嚷。形容随便地、自发地散去。

让出一份和谐，世界便多一份和谐，让出一份光荣，世界便多一份真诚。我们需要谦让，我们也缺少谦让。让我们让出“桃花潭水深千尺”的友谊，让出“柳暗花明又一村”的惊喜，让出“悠然见南山”的清静。

李绩烧粥

李绩（公元594年——669年），唐初大将，本姓徐，名世绩，字懋公。后唐太宗赐姓李，因避太宗讳，改名绩。曹州离狐（今山东东明东南）人。家富有，初参加瓦岗军，后归唐，领军征战南北，屡建功勋，被封为英国公，官至司空（掌管国家工程的最高长官）。

李绩是唐朝著名的大将军，他文武全才，带兵打仗时，既骁勇善战，又足智多谋，为唐王朝的建立立下了汗马功劳，因而很受士兵们子的爱戴。唐朝建立后，唐太宗非常器重他，封他为英国公，还任命他做大官。

国家安定了，百姓也安居乐业了，身经百战的李绩这时想起了家里人——自己唯一的姐姐。他马上派人去曹州老家将姐姐接到了京城，想让她过好日子。姐姐以前对李绩非常好。她和李绩相差十岁，自从李绩出生那一天起，她就非常疼爱这个弟弟。虽然家里有仆人，但在照顾李绩这件事上，姐姐却从不让别人插手，她整天抱着小弟哼哼啊啊地唱儿歌，还亲自给他换尿布。等李绩稍大一点儿会说话、会走路了，姐姐就领着他在花园鱼捉迷藏；累了，姐姐就在树阴底下给他讲故事。后来，

李绩慢慢长成了一个壮小伙子，姐姐就又陪着他每天晚上练功学艺。姐弟俩亲密得好像一个人似的。再后来，李绩参加了反隋炀帝的队伍，从此，就杳无音信了。

二十多年过去了，姐弟俩在长安重逢，都分外高兴。看到已是国家重臣的李绩，比以前成熟了许多，姐姐高兴地哭了。而李绩看到以前年轻美丽的姐姐现在已是满头花发，心中也一阵酸楚。从此，李绩便精心照料起老姐姐的生活起居来。床板太硬，他便叫仆人多铺几床棉絮；姐姐身体太弱，他又让家人买来人参等补品；有时，李绩还亲自下厨为姐姐煮粥。煮粥呀，不能用旺火，只能用小火慢慢地熬，这样煮的粥才又香又软。这一天，衙门没什么事，李绩便早早地回来为姐姐煮粥。

他把人参切得细细的，和香米混在一起放在小炉上煮了起来。他一边用扇子扇着炉中的火，一边用勺子慢慢地在锅里搅动。李绩本是武将出身，哪儿干过这种活呀，结果火越扇越大，火舌一下子窜了上来，哧的一下把他的胡子烧着了。李绩赶忙后退，两只手乱扑。低下头一瞧，自己平时引以为傲的胡子却被烧掉了一小半，参差不齐，上面一点还焦黄焦黄的。他自嘲地笑了一笑，又聚精会神地煮起粥来。过了一会儿，粥总算煮好了，李绩却被折腾得满头大汗。他直起腰，擦了擦脸上的汗，端起粥给姐姐送了过去。

姐姐见到他这副模样，心疼地说：“弟弟，你贵为国公，何必干这种粗活呢？家里不是有仆人、厨师吗，叫他们干就行了。”李绩将碗放好，舀起一勺粥，吹了几口，对姐姐说：“姐呀，我戎马一生，没有把姐姐照顾好，心里愧疚呀！现在姐你年纪大了，又生了病，我照顾照顾你，给你煮煮粥，不是应该的

谦让是一种做人的品质，严格来说应该是做人品质的一种理想状态。

吗？何况你以前照料我时，不是也不让仆人插手吗？”听了这话，姐姐感动得呜呜地哭了起来。

就这样，李绩一直照顾着姐姐，直到姐姐去世，给后人留下了李绩煮粥烧须的美谈。

《隋唐嘉话》

本篇成语解释：

1.【杳无音信】杳：幽暗，见不到踪影。形容一直得不到对方的信息。

2.【参差不齐】长短高低不齐。

如果说谦让是人的社会生活所必须的话，谦让对于人的爱情和家庭生活也是不可缺少的。夫妻生活一待就是几十年，磕磕碰碰还不算，很容易产生爱的疲劳、情的厌倦。这个时候的容忍和谦让则显得尤其的重要和关键。

不计前嫌

吴章，是唐僖宗时朱全忠的部将，有孝名。

吴章是唐朝人，是个有名的清官，他为人刚正廉洁，很受百姓的尊敬。吴章很小的时候，母亲就去世了，父亲又娶了一个妻子。不久后，吴章便有了一个小弟弟。后来，父亲在战乱中去世，后娘就领着小弟弟和吴章到祖父家去住了。

祖父以前当过大官，积累了很多田产。后娘见祖父年龄大了，吴章又是长孙，担心到时候分配遗产时肯定会对自己的亲生儿子不利，于是，她经常在祖父面前说吴章的坏话，什么懒啊，不肯做事啊，对长辈不尊敬啊，等等。祖父本来很喜欢吴章的，但由于后娘多次在他面前搬弄是非，渐渐地，他就开始经常地训斥吴章。

吴章只想趁年轻时多读点书，对这种争权夺利的事并不关心，对后娘的恶语中伤也不理会。可是，后娘并不因为吴章的不理会而善罢甘休。

这一天，吴章依然和往常一样，吃过早饭，便把自己关进书房，聚精会神地看起书来。忽然，祖父怒气冲冲地闯进屋来，劈头就问："你这个败家子，是不是你把我的古玩字画拿出去卖了？"

吴章慌忙站起身，

贵人之心责己，恕己之心恕人；律人之心律己，宽己之心宽人。

恭恭敬敬地说："爷爷，我怎敢做那种事呢？""你怎么不敢？辛儿？"后娘从门外走了进来，阴阳怪气地说，"我昨天亲眼看见你带着一批字画偷偷摸摸地出去，回来时却两手空空，你还想抵赖？"

吴辛见又是后娘在祖父面前嚼舌根子，心头一阵火起，但他还是尽力抑制住，心平气和地说："爷爷，娘，你们都误会我了，我并没有偷爷爷的字画，我只是拿自己的几幅画去卖，救济我的一位朋友，望爷爷明察。"祖父怒气未消，说："我会搞清楚的，哼！"说完便拂袖而去。后娘对吴章阴险地笑了笑。一扭一摆地紧跟着祖父走了。

吴辛在屋里发了一会儿呆，心里平静多了，他摇了摇头，便又拿起书全神贯注地读起来。他相信，总有真相大白的那一天。没过几天，祖父终于查清了吴章卖画的真相，才知道自己错怪了孙子。他把吴章叫来表扬了一番，又把他的后娘训斥了一顿，从此再也不听她的坏话了。

后来，吴章到外地做官去了，祖父去世后，分给他不少家产。但后娘和她的亲生儿子却在乡下过着坐吃山空的日子。吴章听到这个消息后，很是同情后娘，便带了礼物，亲自到乡下去找他们母子。

后娘脸黄了，头发也白了许多，早就没有了以前那种嚣张的样子。见吴章来了，她刻薄地说："你来干什么？黄鼠狼给鸡拜年——没安好心，我们不要你可怜！"吴章诚恳地说："娘，我们毕竟是一家人嘛！您抚养我长这么大，现在我算是有点出息了，总要报答报答您老人家呀！我特地叫了马

车，接你们去城里和我一起住！”说完，便忙着帮后娘收拾行李。后娘被吴章这番动情的话感动了，看着吴章忙前忙后，她说：“章儿，为娘……以前……对不起你呀！”说着，眼泪也流了下来。吴章摸着弟弟的头，笑着对后娘说：“娘，过去的事就让它过去吧，以后我们一家人在一起，不是很好吗？”后娘含着泪重重地点了点头。

从此，吴章便和后娘住在一起，亲亲热热地开始了新的生活。吴章不计前嫌，善待后娘的美德得到了很多人的赞许。

《新唐书·吴章传》

本篇成语解释：

1.【搬弄是非】把别人背后说的话传来传去，蓄意挑起纠纷。

2.【拂袖而去】拂袖：甩袖子，表示生气。把袖子一甩就走了。形容很生气地走了。

3.【真相大白】真相：指本来面目；大白：彻底弄清楚。真实的情况完全清楚了。

要做到“谦让”需要有低头的勇气。所谓的“低头的是稻穗，昂首的是莠稗”，越成熟的稻穗，垂得越低。汉代名将韩信，就是翘那么一时之气，从不良少年胯下爬过，他的低姿态，后来为他立了不少成功。所以我们有时需要放下身段，不要太自以为是，高高在上，礼让谦下，才能与人和平相处，融洽共事。

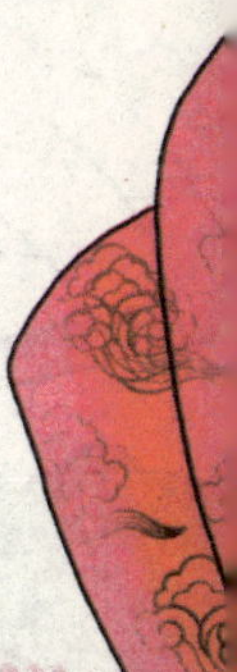

兄弟让举

张楚金，唐朝大臣，官至秋官尚书（即刑部尚书，主管司法的最高长官），爵南阳侯。

通过考试来选拔人才，这种制度在古时候就有了。所以，古时候许多志向远大的年轻人平时都努力学习，想要在考试中取得好成绩。

张楚金就是这群年轻人中的一个，他父母早亡，和哥哥张越石相依为命。张楚金从小就发奋学习，十七岁时，他和哥哥一同参加了州里举行的考试。考完试回到家中，哥俩都焦急地等待着公榜的那一天。

这一天，张楚金的一位好朋友兴冲冲地跑进他家。一进门便嚷道：“好消息，好消息呀！”张楚金正在看书，一看来人是他的好朋友，便叫上哥哥兴奋地迎了过去。张楚金的这位朋友是个官宦子弟，消息可灵通啦。他见张楚金兄弟俩都围了过来，便神秘兮兮地说：“据可靠消息，你们俩的成绩都非常好，并列第一！”

一听到这消息，哥俩都高兴得跳了起来，他们抱在一起，不知说什么好，只是嘴里不停地

念着："中了！中了！"泪水也情不自禁地流了下来。多年的寒窗苦读终于有了好的结果！

"可是……可是……"还有"可是"？兄弟俩的心慢慢地从最高处向下落，松开了拥抱的手，四只眼睛直盯着那个朋友。"可是参加复试的名额只有一个。"这句话说出来后，张楚金的朋友觉得后面的话也就好说了，"就是说，得在你们兄弟俩中挑选一个去参加京城复试！"

哥俩一下懵了。朋友走后，两人都沉默着。他们还能说什么呢，事情就是这么残酷。还是当哥的打破了沉默，他抬起头望着弟弟，'深情地说："弟弟，你不要担心，从小你就比我聪明、机敏，而且从考完后你讲的情况来看，你写的文章更流畅，更有气势，主考官肯定会录取你的！我祝贺你！"张楚金不知道该说什么好："哥，你……我……"

哥哥拍了拍张楚金的肩膀，笑着说："什么你呀，我呀的，我们是兄弟嘛！录取通知马上就会来的，我替你收拾行李去。"望着哥哥的背影，张楚金不禁鼻子一酸，眼泪流了下来，儿时的情景又一幕幕地在他眼前闪现：好吃的，哥总是让给弟；有好书，哥推荐给弟看；有好玩的，哥俩一起玩……张楚金想：哥哥学习也很刻苦，每天看书都看到深夜，才取得了这样好的成绩，他多不容易呀。再说我还年轻，以后还有机会。想到这儿，他暗暗下了决心，决定在发榜前去找主考官说说。

第二天，张楚金便瞒着哥哥，从家里溜了出去。他来到州里找到了主考官，并说明来意。"主考官大人，按年龄，我哥越石比我大；按才

能，越石也比我强，请大人录取越石吧！”主考官原准备录取张楚金，听他这么一说，反而不知道该怎么办才好。当地的州牧（行政长官）听说了这件事，十分欣赏兄弟俩让举的品德，便破例将两人同时录取，一同进京复试。

在复试中，兄弟俩的考试成绩仍然很好，都被录取了。

后来，张楚金兄弟俩都成了国家的栋梁之才，他们兄弟让举的事也一直被人们传颂。

《新唐书·张楚金传》

本篇成语解释：

1.【情不自禁】禁：抑制。感情激动，控制不住自己。

俸禄供姊

裴守真，唐朝绛州稷山（今山西省稷山县）人，以孝悌闻名，官至宁州刺史。

裴守真小时候最喜欢的人就是他的姐姐了。每当小守真蹦蹦跳跳地回到家里时，姐姐总是烧好了饭等着他！夏天的晚上，小守真就依偎在姐姐身边，听姐姐讲一些有趣的故事，或者姐弟俩一起去捉萤火虫玩。由于爸爸早逝，妈妈又卧病在床，家务事就一股脑儿地全压在了姐姐瘦弱的肩膀上，多么不容易啊！我长大了一定要好好报答姐姐！看着姐姐蜡黄的脸上淌着豆大的汗珠，一边咳嗽，一边往灶坑里加柴火，小守真心里常常这么想。

就在这一年，母亲终于熬不过病痛的折磨，去世了。第二年，姐姐也出嫁了。小守真便跟着一位叔父到了陕西，从此姐弟俩就没有了联系。转眼间，守真已经成家立业，在一个地方

处世让一步为高，待人宽一分是福，对个人来说，谦让是一种境界，是铸造人格的基石。

官那里做些杂事，虽然俸禄很少，但日子还算过得去。

突然有一天，裴守真收到老家一位朋友的来信，信中说他姐夫患病去世，而他日夜思念的姐姐带着两个孩子生活十分凄惨。裴守真听后着急得不得了，他马上派人将姐姐及两个外甥接到了陕西，并安顿好他们，让他们和自己住在一起。

姐弟相见，两人都悲喜交加，不知道说什么好，只是眼泪止不住地往下流。可是吃饭的问题马上就来了，原来裴守真一家三口靠裴守真的一份俸禄还能过得去，可现在加上姐姐家三个人，困难就可想而知了。姐姐知道弟弟和弟媳对她都非常好，但自己不可能靠弟弟过一辈子，便主动提出从弟弟家搬出去，在外面租了一间又矮又小又潮的茅草屋，靠洗衣度日。裴守真看在眼里，想起了以前“一定要好好报答姐姐”的话，心里真是惭愧极了。可他又有什么办法呢？

这一年，又恰逢大旱，陕西一带一年没下几场雨，那明晃晃的太阳就好像始终挂在天上没落下来似的，晒得河水断流，禾苗枯死，颗粒无收。城里郊外到处都是饥饿的老百姓，野草吃光了，就吃草根和树皮。姐姐一家也都饿得只剩皮包骨了。

一天，裴守真从姐姐家的茅草屋出来，心情异常沉重。回到家里，他便将姐姐家的惨状告诉了妻子，说：“你说，我该怎么办呐？”妻子是个通情达理的人，心肠也特别好，她笑着对裴守真说：“老爷，您不必着急，这样吧，您将您每个月的俸禄都给姐姐；我呢，就从娘家弄点粮食和糠米来，再加上我的一些金银首饰，今年应该可以过得去！”

裴守真听了，愁眉大展，他拉着妻子的手，深情地说："你真是我的好妻子啊！"

就这样，在这个大旱之年，裴守真将每月的俸禄和禄米都亲自送到姐姐家。最后，他们终于一同渡过了难关。当地人听说了这件事，都称赞裴守真和夫人。裴守真俸禄供姊的故事一时传为美谈。

《旧唐书·孝友传》

本篇成语解释：

1.【悲喜交加】悲伤和喜悦交织在一起。

2.【通情达理】通、达：懂得、理解。很懂道理，说话、做事合情合理。

对社会来说，谦让是进步。是社会文明的命脉。那种"不吃肉"的美德，是我们任何时候都应当牢牢记取的。在市场经济快速发展的今天，怎样正确对名利、地位、物质的欲望，时刻保持一份谦让、平静的心态去工作、去生活，作为一个人来说至关重要。在荣誉、利益面前，当与别人发生矛盾时，让他一尺；在公共汽车上，主动给老人、病人，给抱小孩的乘客让座，这些都是对谦让这一美德的践行。

焚契还宅

苏轼（公元 1037 年——1101 年），“唐宋八大家”之一。字子瞻，号东坡居士，北宋眉州眉山（今四川眉山）人。仕途坎坷，屡遭贬谪，官至龙图阁学士（侍从荣衔）、中书舍人。

在通往杭州府的大道上，缓缓地走来一主一仆两人。那骑着瘦马的是主人，他是一个头戴高冠、长须至胸的老头。那老头眉目紧锁，似有满腹心事，他并不鞭打马儿，只是让马儿自己慢慢地前行。他就是当时鼎鼎大名的大文豪苏轼——苏东坡。

苏东坡性格豪爽。他经常对朝中权贵直言抨击，所以有几次被贬到很远的地方去做小官。今年，朝廷见苏东坡年事已高，便准许他回家安度余生。苏东坡回来后去的第一个地方，便是杭州，那里有明丽的西湖，更有他做杭州知府时修的“苏公堤”。“老爷，你看，阳羡城就快到了！”老仆将身上的担子向上抖了一抖，兴奋地对苏东坡说。苏东坡抬头一看：啊！多么美的江南水乡啊！只见水网密布，稻田井然，青山绿水在明媚的春光下显得格外清新可人，远处的阳羡城墙隐约显现出轮廓。活脱脱一幅淡雅精致的风景画。

苏东坡被这江南的景色迷住了，精神随即为之一振，他拍了一下马，对老仆说：“今天咱们就在阳羡城住下，待上几天再走！”老仆见老爷这么开心，心里也挺高兴，他点点头，紧跟几步，追着苏东坡的那匹瘦马而去。

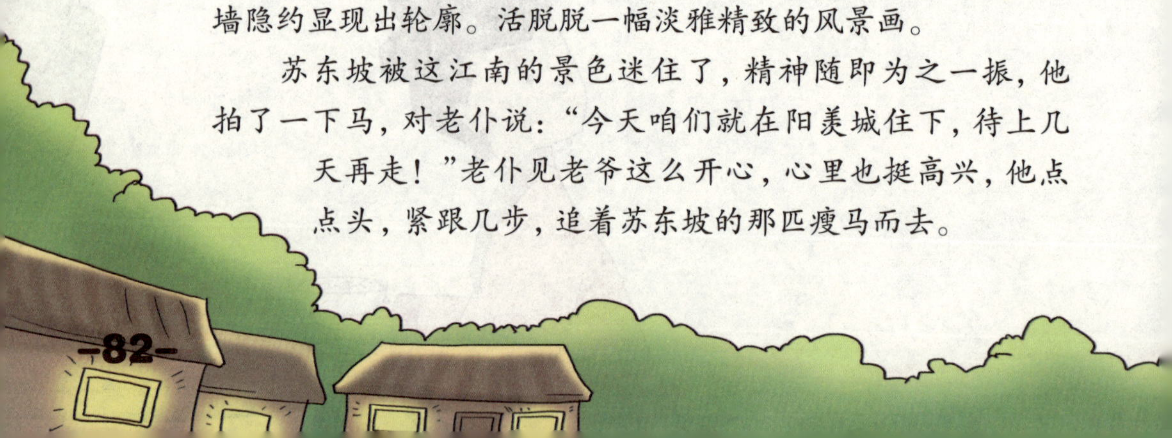

阳羡城是个小城，但求学风气很浓。有个四十多岁的读书人名叫邵民瞻，他听说鼎鼎大名的苏东坡路过阳羡，便找到苏东坡，向他讨教学习中的一些问题。苏东坡也挺喜欢这个新结交的朋友，两人经常拄着拐杖，一道游山玩水。

邵民瞻听说苏东坡居无定所，便劝他在阳羡住下来，没想到这话正合苏东坡的心意。邵民瞻欣喜若狂，马上帮苏东坡找到了一所宅子，房价五百贯钱。苏东坡将自己的积蓄全部拿出来，勉强凑齐了这笔钱，付给了房主。

搬家前的晚上，苏东坡非常兴奋，和邵民瞻在月下散步。途经一个村庄时，忽然传来一阵女人的哭声。两人朝着哭声的方向走去，很快就来到一所破败的茅草屋前。苏东坡倚在门上听了一会儿，说："哭声这么凄惨，一定是遇到了什么悲痛的事情。我要进去劝慰劝慰她。"

苏东坡和邵民瞻推门进去一看，原来是一个老太婆正低头痛哭。苏东坡问其原因，那老太婆伤心地说："我家有一所老宅，祖传已近百年了，可我的儿子不成器，瞒着我将老房子卖掉了，这怎么不叫我伤心呢？"

苏东坡听了，也很伤心。一问之下，他吃了一惊，原来老太婆说的老宅就是他刚刚花五百贯钱买的那所。看到老太婆伤心的样子，苏东坡同情地说："老人家，您的老屋就是我买的。您不要哭了，我把它还给您。"说罢，他从怀中掏出买宅的地契，当着老太婆的面烧掉了。老太婆感动得不知道说什么好！

邵民瞻拉了拉苏东坡的

手，悄声说：“先生，房子给她了，那五百贯钱……”苏东坡一句话也没说，摇了摇头，头也不回地走了。

苏东坡离开了阳羡，到了毗陵（今江苏常州）。他已拿不出钱买住宅，所以只好租别人的房屋居住。不到半年，苏东坡便与世长辞了。

后来，那位老妇人听说死去的苏东坡就是那天夜里还宅给他的人，不禁痛哭流涕，周围的人也被苏东坡的仁让之心深深打动。

《梁溪漫志》

本篇成语解释：

1.【鼎鼎大名】鼎鼎：盛大。形容某人的名声很大。

以德报怨

王旦（公元957年——1017年），北宋大臣。字子明，大名莘县（今属山东）人。进士出身，后长期担任宰相。

老宰相王旦病了！这个消息像一阵风似的传遍了朝廷上下，连宋真宗也被惊动了，他决定亲自去王旦的府上探病。

走进房间，宋真宗见王旦躺在床上，头裹布巾，面色苍白，花白的胡子稀疏多了。见此情景，宋真宗不觉心痛万分。

王旦见皇上亲自来探望自己，十分感动，他恳切地提出辞去宰相职务的请求，说着说着，竟老泪纵横。宋真宗见他决心已定，便也不再勉强。

宋真宗坐在绣墩上，欠了欠身，起身问王旦：“王爱卿，你觉得这宰相之位谁比较合适呢？王爱卿可否为朕推选一人？”王旦微微张开双眼，想说什么又不敢说。

宋真宗笑着说：“王爱卿直言相告，但讲无妨！”王旦犹豫了一下，才说：“以臣之愚见，寇准最为合适。”寇准？宋真宗心里直犯嘀咕：这王老头是不是病晕头了？这寇准经常在我面前说他的坏话，揭他的短。记得有一次，寇准还将王旦手下写了一份不合规范公文的事告诉了我，致使他受处分，难道他不记得了吗？想到这里，宋真宗便问王旦：“王爱卿，寇准经常在我面前打你的小报告，你为什么还要推举他呢？”

欺人是祸，报应甚速；饶人是福，天佑神佑。

王旦努力地坐起身子，严肃地对宋真宗说：“陛下，我当宰相这么多年，缺点自然难免。寇准以国家利益对陛下无所隐瞒，指出我工作中的失误和缺点，这是多么的难能可贵！这也是我看重寇准的地方！”

宋真宗又问道：“你能容忍他，我可不能容忍他在地方上过生日时，筑大棚、摆宴席宏大热烈的场面，这不分明是想与朕相比肩吗？这种人，我岂能任他为宰相！”

王旦坐直身，慢慢地规劝宋真宗说：“请陛下别听信小人的谗言。寇准为人刚正，敢于直言进谏，先皇在位时便名闻朝野。这样的贤良忠臣，正是国家不可缺少的呀！至于他的缺点，您可以点他几句，他会听进去的。”

宋真宗听后，点点头，不禁赞叹道：“老宰相宽以待人，以德报怨的品质确实让人肃然起敬啊！”

不久后，寇准被任命为宰相。当他得知是王旦推荐自己的，十分感动，每天早朝后，他都要到王旦床前问候。王旦临终时还不忘嘱咐寇准修性养廉，寇准感动得眼泪直流。

《宋书·王旦传》

本篇成语解释：

1.【难能可贵】不容易做到的事竟然做到了，因而很宝贵。

2.【以德报怨】拿恩惠报答仇恨。

3.【肃然起敬】肃然：恭敬的样子；起敬：产生敬佩的心情。看到、听到或想到某一动人的事迹后产生的恭敬、钦佩的态度和心情。

一个俗家人曾故意问一僧人：“我家有一只烧饭锅，平时煮饭三人吃不够，千人吃则有余。你看这是怎么回事？”僧人不知怎么回答才好。住持在一边听了说：“争夺则不足。谦让则有余。”

碎杯不责

韩琦（公元1008年——公元1075年），北宋名臣。字稚圭，相州安阳（今河南安阳）人。二十岁中进士。历任三朝宰相。封魏国公，著有《安阳集》。

北宋时期，韩琦在大名做知州。有人送给他两只玉杯，并对他说："韩大人，这是农民耕地时从一块地里挖出来的，丝毫未损，可以说是稀世珍宝啊！"韩琦向来喜欢收集古董，见到这两只玉杯，爱不释手，立刻用很多金银. 买下了这两只玉杯。从此他对这两只玉杯爱惜备至，每天都要用上好的绸布小心地擦拭，细细品味。有宾客时，他就特设一桌，铺上锦绣绸缎，把玉杯放在上面，和大家一起欣赏。

这一天，韩琦发送请柬，宴请主管赋税钱粮的漕运官。一大早，韩琦就吩咐家人准备酒菜、布置厅堂，又亲自将两只玉杯细细地擦了一遍。不一会儿，客人们都陆陆续续地来了，他们主要就是为了目睹一下韩家的绝世珍宝——玉杯的风采。

一个矮胖胖的官员笑眯眯地对韩琦说："韩大人，听说你家有宝贝，是吗？"一句话倒说得韩琦不好意思，他谦逊道："哪里，哪里，只不过是两只普通的玉杯罢了！"

另一个高高瘦瘦的官员接过话头，晃悠着脑袋说：“听说，这玉杯有一个神奇的功能，普通的水放在这玉杯里面，就能变成香醇怡人的上等好茶。韩大人，这是否是真的？”韩琦慌忙正色道：“纯粹是道听途说，道听途说啊！”大家哄笑一阵，坐下来等着开席。

韩琦小心翼翼地捧出那两只玉杯，放在铺着绸缎锦绣的桌子上，供大家欣赏。那些官家们围上来左看右瞧，上瞅下瞥，嘴里不停地发出啧啧的赞叹声。

正当大家围着玉杯转悠的时候，一个官员一不留神，啪唧一下，摔倒在地上。他摔倒了不要紧，却将那两只玉杯全部撞翻在地，玉杯稀里哗啦的全碎了！大家都傻了眼。那个撞倒玉杯的官员更是脚发软、心发慌、眼发直，好久才回过神来，趴在地上在韩琦面前直叩头请罪。韩琦平时待下属十分和善宽厚，下属都敢和他开玩笑。但这次撞碎的可是韩大人最心爱之物呀！要是韩大人……旁边的人直摇头叹息，装着一副很同情的样子，心里却阿弥陀佛，庆幸自己没碰上这倒霉事。韩琦起初也懵了，刚才还好好的透明如纸、洁白如雪的玉杯就这么完啦？他心疼地弯下腰，一块一块地捡起玉杯的碎片。那位官员还在叩头请罪。韩琦叹了口气，扶起他，安慰道：“任何一件东西，终究有毁坏的时候，你不必自责。”

那位官员还是觉得对不起韩琦，说：“韩大人，这可是您最心爱的宝贝啊，我……”

韩琦捡起碎片，把它放在一旁，又叫仆人端上酒菜，举起酒杯，对那位官员说：“你是打碎了我的玉杯，但你并不是故意

忍一时，风平浪静；退一步，海阔天空。

的呀，这算什么罪过呢，我总不能让你给我生出两只玉杯吧？”

一句话，说得大家哈哈大笑，那位官员也不好意思地红着脸笑了。事后，那些官员对韩琦的大度宽厚，没有一个不赞叹钦佩的，做事也更尽心了。

《青琐高议》

本篇成语解释：

1.【爱不释手】释：放手，放开。喜爱到不肯放手的地步。

2.【道听途说】道、途：路。路上所听来的话。指没有根据的传说。

骨肉相护

郑德圭，郑德璋，北宋名士郑倚四世孙。

北宋时期，浙江有个婺州县。这个地方不仅以风景优美著称，还以一个平常难得一见的九世同堂的大家庭而远近闻名。这家的主人名叫郑倚，是一个老儒生。他为这个家制订了“严肃和睦”的家训。家里虽然人口众多，但相互之间相处得非常融洽。

德圭和德璋是这个大家庭的第四代，他们俩白天同桌学习，晚上同床睡觉，整日形影不离。弟弟德璋性格豪爽，长大以后爱打抱不平，因此时常与他人发生争执，结下了许多仇家。结果有一天，仇家用钱收买了官府的人。官府不分青红皂白，便要派人来捉拿德璋。

消息传来，郑家的人都十分着急，他们早就知道那个仇家是不好惹的，德璋如果被抓去，定会凶多吉少，必死无疑。德璋的妻子更是悲痛难忍，搂着儿子只是哭。要是德璋被抓去处死，他们母子俩可怎么过呀！

看到这情景，德圭心中一阵难过。我反正是一个人，没什么牵挂，让我替德璋抵罪去吧！想到这里，他走过去拍了拍怒不可遏的德璋，微笑着说：“德璋，不要发火。这样吧，我和官府里的人

还比较熟，明天你待在家里，我去跟他们说说，讲讲道理，官府会秉公决断的。”德璋红着眼，粗声粗气地说：“哥，这怎么行，这是我惹的祸……”“不要说了，德璋，就这么定了，没事的。”说完，德圭就走了。德璋望着哥哥的背影，泪水止不住地往下流。晚上，德圭打点好行装，一个人悄悄地溜出家门，直奔官府去了。走着，走着，他感到有点不对劲儿，总觉得后面有人跟着，他回过头对着越来越近的黑影大喝一声：“谁呀？”来人没有回答，只是一个劲儿地向他跑来。德圭借着微弱的月光，定睛一看：原来是德璋！“你来干什么？不是说好了我去吗？”德圭生气地看都不看德璋一眼，一个劲儿地往前赶。德璋气喘吁吁地赶过来，一把拉住德圭：“哥，难道我不知道你想替我去送死吗，哥，你为什么要这样做呢？”“我们是骨肉兄弟呀……”一句话说得两人泪水涟涟，拥抱在一起。

德圭好说歹说，才劝住了德璋，说陪他一同回去再相聚一晚，明早再去官府。德璋答应了。可到了第二天，德璋昏昏沉沉地醒来时，妻子流着泪告诉他，德圭哥已经去了官府。德璋恍然大悟，大叫一声：“不好！”便快马加鞭，赶到官府。可惜还是迟了，德圭已经被处死了。德璋看到哥哥血肉模糊的尸体，不禁嚎啕大哭，悲恸欲绝，一下子昏死过去。

在场的人无不为这哥俩的至诚感情所感动，不禁流下了同情的泪水。德璋背着哥哥的尸体回家，走一路，哭一路，声音凄惨，一群群乌鸦在天空中盘旋，盘旋……

《宋书·孝友传》

本篇成语解释：

1.【怒不可遏】遏：止。愤怒得难以抑制。

让和争都是人际之间的正常现象。没有礼让，世间会缺少温情，社会会缺少和谐，没有了竞争，国家民族就没有了活力，社会进步就失去了动力。但是，让于当让之时。争与当争之际，让止于礼，争合于道，礼让和竞争都应有一个合于道德和法制的规则和尺度。

破家重圆

羊仁，元朝庐州庐江（今安徽省庐江县）人。

蒙古兵骑着高头大马，手拿弓箭、长矛，耀武扬威地从北方南下。他们每到一处，就抢劫、放火、杀人。

一天，一伙蒙古兵冲进了羊仁家所在的村子，挨家挨户地进行搜刮抢劫，闹得整个村子鸡犬不宁，老百姓纷纷外逃。其中有几个蒙古兵闯进了羊仁家，就要动手抢东西时，羊仁的父亲忙上前阻拦，为首的那个蒙古兵马上举刀砍死了他。接着，那个蒙古兵又要来砍羊仁和家里其他人。这时，另一个蒙古兵拦住了他，说："杀了他们也白杀，不如把他们卖作奴隶，这样我们还能弄几个钱花花。你说怎么样？"

那个蒙古兵忙说："好，好主意！就照你的意见办。"就这样，羊仁和母亲、哥哥、弟弟被卖到各个地方做了奴隶。

羊仁当时才七岁，他被卖到了一个叫李子安的人家里。他在李家，时刻都想念着母亲和兄弟，常常暗自流泪。羊仁在李家一待就是二十多年。他平时早起晚睡，勤勤恳恳地替李家耕地种庄稼，从没叫过一声苦、一声累。李子安见他二十多年来，都是这样，便非常赞赏他，也非常同情他。终于有一天，李子安对羊仁说："你这个年轻人真好，做奴隶太可惜啦，我还你自由吧！"说完，就把羊仁的卖身契烧了。

羊仁走出李家后，他要做的第一件事，就是去寻找母亲和哥哥、弟弟。可是他们又在哪里呢？羊仁心想：只要他们还活着，我就是找遍天涯海角，也要把他们找到。羊仁心想他们很可能被蒙古兵卖到北方去了，便一路向北找去。他边走边打听消息，饿了就向人家讨点吃的，渴了就喝小河里的水。

一天，他走到了一个小村子，见一个人正在村头弯腰干活，便急忙上前向他打听家人的消息。这人猛地抬起头来，羊仁禁不住地叫了一声："啊！您不就是咱村的大叔吗？您怎么到这儿来了？"这位大叔好一会儿才认出眼前的这个人就是羊仁，不禁叹息道："时间过得真快呀，想不到我做奴隶已经二十多年了！"羊仁忙向他打听家人的消息。那大叔说："我知道，我知道，你母亲被卖到安徽了，你哥哥被卖到河南了，你的弟弟就更远了，他被卖到了河北。"

羊仁心里一阵激动，忙辞谢了大叔，就要继续向北方而去，可他又想到：我就是见到他们，也救不了他们呀，我得用钱才能赎他们回家呀。于是他回到家乡，向亲戚们借钱。这些亲戚得知羊仁要用钱去赎回家人，都非常支持他，于是纷纷解囊相助。但因为他们也受过蒙古兵的抢劫，几乎没有多少钱财了，大家凑了又凑，还不够赎回一个人的钱。

羊仁于是又出去做工。他每天不分白昼黑夜，拼命地干活，一个人干几个人的活，但自己从不舍得花一点儿。两年后，羊仁终于凑足了钱，便重新踏上了寻找家人的路。他不怕艰难，不怕困苦，千里迢迢，走了几千里，终于把母亲、哥哥、

争的未必会得到，让的未必会失去；该争处寸步不让，该让处万金不争。

弟弟都赎了回来。破了的家又重新团圆。后来，皇帝听说了这件事，很受感动，特意下令表扬羊仁。

《元史·孝友传》

本篇成语解释：

1.【耀武扬威】炫耀武力，显示威风。

2.【鸡犬不宁】形容骚扰十分厉害，连鸡狗都不得安宁。

3.【解囊相助】囊：口袋。解开口袋拿出钱物来帮助别人。

4.【千里迢迢】迢迢：遥远的样子。形容路程很远。

不受母赠

訾汝道，元朝德州齐河（今山东省齐河县）人。

这一天，在德州齐河县的小山村里，人们三三两两、远远地站着，不时地对着前面一个大户人家指指点点，议论纷纷。这个说：“訾老太爷去年刚去世，门前的白灯笼还未摘，现在老太太又卧床不起，真是不幸呐！”那个接过话茬说：“可不是，所幸老太爷的几个儿子都还孝顺，特别是大儿子訾汝道，整天跑进跑出，忙里忙外，请了不知多少个郎中给老太太治病，真是不幸中的万幸啊！”

正说着呢，忽然訾家大门“吱呀”一声开了，只见一个年轻人陪着一位须发皆白的老者走了出来，人们便散了。

那位年轻人向老者拱了拱手，说：“老先生，让您多费心了！”老先生摆摆手，对年轻人说：“訾少爷，老太太的病不轻呐！唉，可惜我医道有限。只望老天开眼，让老太太的病赶快好起来。”说完，便叹着气走了。

这位年轻人就是訾家的大儿子訾汝道。他望着老郎中远去的背影，想着卧病在床的母亲，心情特别沉重。他回到房里，叫两个弟弟细心照顾母亲，自己则去几十里之外的镇上买药，

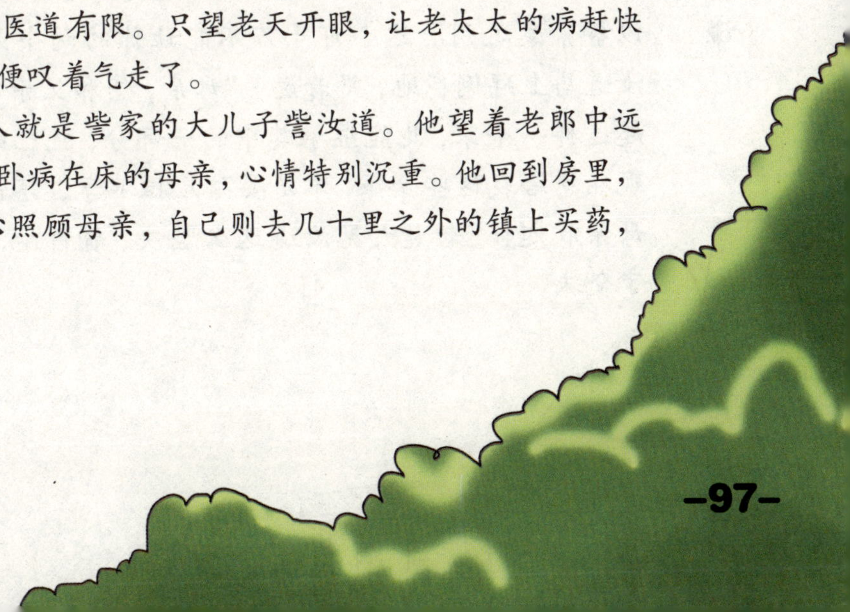

直到晚上才回来。他把药煎好，端着往母亲的房里走去。两个弟弟已歇息去了，只剩老太太一个人躺在床上，她脸色苍白，不时难过地哼哼几声。訾汝道看着，心如刀割。他把药放在桌子上，坐到床边，轻声叫道：“娘！娘！”老太太微微睁开双眼，见是大儿子訾汝道，便笑了笑，这一笑不打紧，却引发了咳嗽。訾汝道忙扶着母亲坐起身子，在母亲背上轻轻地捶着。老太太咳了一会儿，脸涨得通红，可心里好多了。訾汝道端起药碗，用调羹舀上一勺，对母亲柔声说：“娘，这是刚煎好的药，您喝点吗？”老太太慈祥地看着儿子，轻轻地将药碗推开，说：“汝道啊，娘有件事要跟你讲。”汝道顺从地放下药碗，帮母亲掖了掖被角，说：“娘，您说吧，我听着呢！”“汝道啊，自从你父亲去世后，家里的一切都交给你了。我这一病几个月，你又是请郎中，又是煎草药，没日没夜地照顾我……”訾汝道打断母亲的话，笑着说：“娘，瞧您说的，您病了，做儿子的照顾您不是应当的吗？”

“可……可娘心里不好受啊！”说着说着，老太太声音哽咽，流下了眼泪。她擦了擦眼泪，又说：“你素来孝顺，毫无积蓄，这点东西你就拿着吧。”她一边说，一边从床角取出一包东西递给訾汝道，“这是一包金银，是我出嫁时的嫁妆，全给你，以备紧急之用。这个可千万不能让你的两个弟弟知道哇。”訾汝道马上拜倒在地，哭着说：“母亲，您和父亲在艰难中才支撑起这样一个家，儿能继承其中的一部分，就已经心满意足了。现在您给我这些金银，不是要孩儿担不孝、不悌之罪吗？还望母亲收起！”老太太见汝道这么坚决，赞许地点了点头，收起了金珠。

人生的小路总有弯弯曲曲，握住『谦让』，总能披荆斩棘，看到胜利。

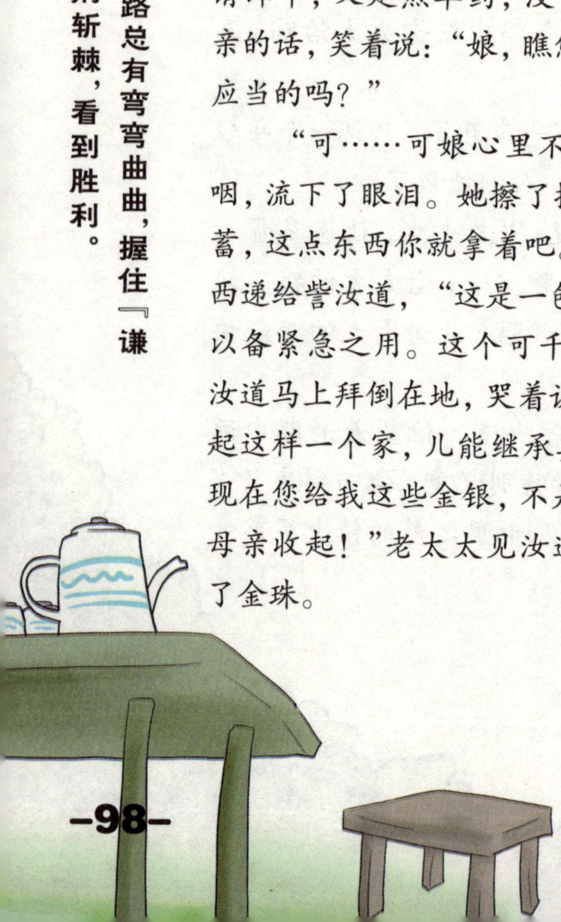

到了年底，老太太去世了。訾汝道身上的担子重了，对两个弟弟更是爱护有加。分家产时，他把良田美屋都给了弟弟，自己仅留下一些荒地和破屋。但不幸的是两个弟弟不久也相继患病去世，訾汝道又担负起抚养他们小孩的责任。他对待侄儿就像对待自己的儿子一样，一直到他们长大成人为止。

《元史·孝友传》

本篇成语解释：

1.【三三两两】三个两个地在一起。也形容为数不多。

2.【心满意足】形容称心如意，非常满足。

那些大事小事与事无争、超然度外的人，一般被视为软弱。平庸的人。其实不然，与世无争的人不会轻易的被名利左右和金钱诱惑，在一段时间里他们也许一无所获，但最终他们会得到道德和良心的丰盈。

让墙成巷

郭朴，字质夫，世称东野先生，乡人呼为“郭阁老”，明安阳（今河南安阳县）人，官至吏部尚书（掌管选拔，任用官员的部门最高长官），谥文简。

北京城。明朝时的一个傍晚。夜幕已经降临，重重宫殿都淹没在浓浓的暮霭中，只留下一点模糊不清的轮廓。夜归的鸟雀时常飞起。城楼北方传来的鸽哨声，时远时近，时断时续，最后就听不见了。

在吏部的衙门内厅，一个身穿便装的中年男子正背着手、慢慢地踱着步，似有满腹心事。他就是当今吏部尚书郭朴。他用手捋了捋自己的长须，停了一会儿后，依然踱着步子。

这时，老仆人悄悄地走进来，小声对郭朴说：“老爷，该吃饭了。”郭朴停下脚步，转过身看了看老仆人，说：“今天我不想吃，把饭菜撤下去吧。”老仆人没动，而是走到郭朴跟前说：“老爷，不是我多嘴，您哪，大可不必为这点小事烦恼。您随便派个人回趟安阳老家，那和您家争墙的家伙准被吓得不敢吭声。”郭朴一听，脸色顿时一变；“你怎么会说出这样无礼的话？”老仆人从未见到老爷发这么大的火，吓得连忙退了下去。

郭朴叹了口气，走到书桌前，又拿起那封信认真地看了起来。原来，郭朴的老家在河南安阳。郭朴后来到京城做官，他的父母和一个弟弟则依然留在安阳老家生活。前几年，弟弟要盖房结婚，房子刚打好地基，却和也在建房的邻居吵了起来。说起来也不是什么大不了的事，就是为了一堵墙的距离，两家争来争去。一个说自己早就打好地基的，没理由让给他；另一个说去年就在此划了线，没理由让给你。两家吵得不可开交。官司打了好几年，两家也因此而怒目相向，还差点儿打起来。郭朴的弟弟想到在京城当大官的哥哥，便写了封信，派人十万火急地送了过来，叫郭朴派人回去给官府说说，压一压邻居。

郭朴看完信，不禁自言自语。“何必如此，何必如此呢？”他拿起毛笔，沉思片刻，写起信来……

几天后，郭朴的弟弟没盼到哥哥派来的人，却盼来了哥哥的信。信中说：“弟弟，我以前曾经跟你说过，做人做事要谦让大度，这样才会有好邻居、好同学、好同事。这样生活才会舒畅、才会美好。本是邻居，却为一墙之事争吵不休，有这个必要吗？我身为国家的官员，不可能为这点家务事徇私枉法，欺压于人，不过我写了四句话，望你三思：

千里捎书为一墙，
让他几尺又何妨？
长城万里今犹在，
不见当年秦始皇。

弟弟看了信，想了半天，觉得哥哥说得很对，“让他几尺又何妨”。于是他便去官府那里撤了状子，并亲自上邻居家赔礼道歉，主动将自己的地基向后退了一墙的距离。邻居也很受感动，便也将自己的地基向后退了一墙的距离。这样两家一让，房屋中间就空出了一条小巷子。两家和好如初，又成了好邻居。

郭朴听到这个消息后，欣慰地点了点头。

正确的争，给人以朝气、激情和力量；可敬的让，给人以温暖、感化和醒悟。

现在，在安阳县城里有个仁义巷，就是两家以前让出来的空地，至今仍保存完好。

《明史稿·郭朴传》

本篇成语解释：

1.【十万火急】形容非常紧急，刻不容缓。旧时急递文书常标此语。

2.【不可开交】交：纠缠在一起；开交：解决，摆脱（只用于否定）。比喻没法摆脱。

“谦让”是中华民族的传统美德。“谦”是指谦虚，不自傲；“让”是指忍一时，退一步。要做到“谦让”需要有博大的胸怀。

不念旧恶

董教增，字益甫，号观桥，清江苏上元（今南京）人。官至闽浙总督。

大运河，是中国古代南北交通的大动脉，整日里船只川流不息。从扬州顺江而上，便可到达北京城——大清帝国的首都。

这天，在扬州的一座码头上，一位年轻人坐在青石板上直喘粗气。他衣着破旧但很整洁，满脸倦意但眉目间显现出一股灵秀之气。他就是被保送进京朝考（授予官职的考试）的董教增。董教增小时候家里很穷，但他却非常聪明，而且学习也很刻苦，受到学堂先生的极力赞许，并被保送进京朝考。但由于经济困难，他只好徒步进京。他沿途省吃俭用，到扬州时，已是累得精疲力竭。大运河船来船往，他多么盼望能遇上一位好心的船家能带他进京朝考啊。可问过好几位船家，他们都不愿意让一个穷小子白白上船。

又有一艘从下游来的帆船靠岸了，董教增又厚着脸皮去求船老大。这位船老大心肠倒挺好，见董教增可怜，便对他说："小伙子，你等等啊，我去和船客说说。"

过了一会儿，船老大高兴地探出头，向董教增招了招手。董教增真是百感交集，兴冲冲地跳上了船。船老

妄自尊大只不过是无知的假面具而已。

大领着他到船舱旁，悄悄地对他说：“船客是苏州有钱人家的两位公子，也是进京赶考的，却整天饮酒、唱曲玩乐。你千万不要打搅他们啊，不然，这船你就没法坐了。”董教增听话地点了点头。船老大到前边摇橹去了。董教增便拿出书看了起来，看着看着，他不知不觉地就念出声来了。

这时，从舱里钻出两位衣着光鲜的花花公子，他们气哄哄地到处乱窜，最后在船舱旁找到了董教增。他们一见到董教增便粗声粗气地骂道：“喂，你在念什么啊你，搅了老子的好兴致！”董教增见闯了祸，忙施礼赔罪。

其中一位公子见董教增手里拿着书，一副穷书生的模样，便问道：“你是干什么的？”董教增老老实实地回答：“我是上元人董教增，借两位公子的船进京赶考。”“进京赶考？你也进京赶考？”两位花花公子相互看了一眼，指着董教增的破烂衣裳说，“瞧你这穷酸样，也配进京考取功名吗？”说完，便哈哈大笑起来，而且还笑得那么开心。其中一个甚至笑到抱着肚子直抹眼泪。船里的酒友也出来直起哄，嘲笑董教增。

董教增气得直发抖，他跑到船老大那儿，叫船老大停船，然后跳下船就走了。一直走了几百里路，他才搭上一位好心人的马车到了北京。

一晃便过了五年，董教增已是新上任的四川布政使（省的最高行政长官）了。刚到四川上任不久，便有人来拜访。此人一进来，便跪下来直叩头，连声说：“望董大人不记小人过错，谨请恕罪！”

董教增感到很奇怪，四川我没得罪过什么人呀！待那人抬起头来，董教增马上就记起来了。原来此人就是那船上的两位花花公子之一。他进京赶考没考出什么名堂，便用钱买了个官做，现在任四川某县官的副手。他听说新上任的布政使是上元人董教增，马上意识到自己搬起石头砸了自己的脚，便赶忙来向董教增赔罪。

董教增心胸开阔，见此人已悔悟，便扶起他说："汉初韩信不是还有个不记胯下之辱的故事吗？难道本官还不如古人？你千万别把往事放在心里啊，安心做你的官去吧！"

董教增的宽厚仁让之心令那位花花公子非常感动，他临走前又给董教增磕了几个响头。此事传开后，董教增在四川的名气随之大了起来！

《清稗类钞》

本篇成语解释：

1.【川流不息】川：河流；息：停止。像河水那样流个不停。一般比喻来往的人或车辆、船只很多。

2.【精疲力竭】精：精神，精力；竭：尽。形容精神非常疲惫，没有一丝力气。

3.【百感交集】感：感想；交：一齐；集：聚拢。各种感想都交织在一起。

我的中国，我的德国

冯梦月

我从小就喜欢读书，有两个原因使我养成了这个不错的习惯。一是我在幼年总喜欢缠着老爸讲故事，他每次都是拿着书来讲，我自然认定，故事是从书上来的。上小学后，我认识了一些汉字，便借助《新华字典》读我喜欢的故事书。二是老妈不知从哪里听说，看电视对小孩子不好，对眼睛不好，对今后思维也不好，除了让我看动画片外，其他一律不让看，这样逼着我只好去读书。我会因为读书忘了自己坐在马桶上，也会忘了老妈让我去超市买盐。有一个大冬天，老妈见我洗脚看书，怕我冻感冒，不断地催我，结果读书入了迷的我把书当成了擦脚布。

历史书籍是我的最爱之一。尤其是中国古代史，也许是它离我们现在的生活比较远，所以在我眼里倍显神秘。让我爱不释手的，是我上小学三年级时，老爸买的一套少儿版《二十四史》。中国历朝历代形形色色的人物和他们的情感，因为远观，让我着迷。

由于老妈被派到德国工作的缘故，还不满十三岁的我随行来到柏林，开始了留学生涯。刚到德国的那一年，我是在语言学校里度过的。第一次上学，因为迷路，居然在地铁里穿梭了五个小时。第一节课，我都记不起来是怎么听进去的，感觉自己像个傻子。初到德国的我，日常的一切，对我竟然那么地艰难，我很受打击。由于没有德语基础，与德国同学交流不畅，郁闷中，我竟把《二十四史》当成了精神食粮和交流对象，闲来便翻。半年后，老爸来探亲时，我大段背诵给他听，令他惊讶不已。

眨眼之间，来德国已经七年，我逐渐适应了这里的学习、生活和文化。德国中学的历史课主要讲德国、欧洲和美国的历史，滔滔绵绵、跌宕起伏；德语课上接触到的，不是歌德、席勒、海涅、莱辛等世界级古典巨匠，就是里尔克、黑塞、伯尔、格拉斯等现当代文坛巨子的作品，受益匪浅是毋庸置疑的，但我总有一种隔膜感。这也许就是根深蒂固的文化差异，中国的文化已经融入了我的血脉之中。好在有网络这个好帮手，我可以便捷地阅读中文，《论语》、《道德经》、《围城》、《四世同堂》……有一阵子，我还疯狂地迷上了宋代的婉约派诗词，大量搜集、诵读李清照的作品，不仅被弄得"凄凄惨惨戚戚"、柔肠百结，而且还模仿易安居士填词吟诵，以致被老妈笑称"冯清照"。

我的同学不全是德国人，也有来自土耳其、伊拉克、越南、希腊、俄罗斯、美国等国家的。我发现，他们对中国的了解大都仅限于人口众多、计划生育、社会主义、崛起大国等概念，对中国的历史和文化的认知少得可怜，但也有例外。我在德国一所寄宿学校读书时，我的历史老师喜欢研究唐朝和武则天，因为这个缘故，我们成了好朋友。她很佩服我的唐代历史知识，像找到了知音一般。其实，关于唐代历史，我刚入门，她也是略知皮毛而已。我现在就读的柏林洪堡文理中学，汉语可作为第二外语选修。除了学习简单的汉字和语句，还大量阅读翻译成德文的中文小说和历史常识。学到鲁迅的《狂人日记》时，同学萨拉问我，既然儒家思想属于中国的文化传统，为什么"仁义道德"就"吃人"了呢？这真是个好问题！儒家思想的核心虽可浓缩为"仁义理智信忠勇孝悌廉"

十个字，但其精神内涵岂可三言两语以蔽之？更何况，中、西价值观本来就不在一个坐标系上。我只好从法律到伦理，左右开弓，总算让萨拉半信半疑地点了点头。

中国的传统文化博大精深，但遗憾的是，我们当下的年轻一代大多追求流行文化，往往忽略了对传统文化的认知和探寻。作为一个"资深"的小留学生，我的切身感受是，在"地球村"时代，传统文化不仅是本民族过去和现在之间的纽带，而且也是与其他民族之间对话和交流的桥梁，我们必须学习和了解。

丁卉是我老爸朋友的女儿，我们很小就认识，她小时候总叫我"姐姐"。五年前，我回国时去她家玩，不知怎么就谈到了唐诗宋词，她竟背出了我最喜爱的唐诗之一——白居易的《长恨歌》！真是心有灵犀。四年前，她去了新加坡留学。现在，我俩合作主编一套国学丛书，一来给自己充充电，二来想带领90后、00后的学弟学妹们通过阅读故事了解一点中国的历史和文化。